JN171179

発達の視点で保育をとらえる

林 美 Yoshi Hayashi

安部富士男 Fujio Abe（序文）

新読書社

発達の視点で保育をとらえる

目　次

II　子どもの発達とかかわり

Ⅲ　乳幼児期(保育園・幼稚園)での活動と遊び――96

はじめに

二〇〇三年、今から一二年前、安部富士男先生と共に『ちょっと気になる子の保育・子育て』を新読書社から出版しました。

そこには安部先生が安部幼稚園でのダウン症の子を中心に、園でのかかわりや育ち、また周りの子との営みなどを書かれ、私は「生活と発達の節目で子どもをとらえる」と題して障害別特徴や発達の節目における特徴を簡単に執筆しました。

今回は、それを土台にしながら、発達の節目で保育をどうとらえていけばよいかを、保育現場の方々にわかりやすく伝えたいと考えました。

発達段階を詳しく述べる中、その時期の特徴に合った保育の中で気をつけること、大切にしたいことを書きました。

子どもはどの子も違っていいし発達にも個人差があります。温かい保育者との共感関係や仲間の中で子どもは育ちます。それが保育の大前提です。

現場では家庭に問題がある子や弱さのある子などにばかり目がいくだけでなく、一人ひとりをていねいに見て保育をしてもらいたいと願っています。

そのためには、家庭での生活を子どもにとってよいものにしてほしいですし、発達もきめ細かに見てほしいと思います。そんなことが可能になるために保育園や幼稚園を巡回する中で長年伝えてきたことをじっくり書き込んだつもりです。

特に三歳からの活動は、集団としての行事やグループでの取り組みなどが中心に生活が営まれるため、楽しそうかそうではないかに目がいきやすく、一人ひとりの得意なところはわかっても、苦手とするところや、その年には獲得してほしいことをしっかり見て、弱いところを遊びを通してできるようになるよう配慮することも大切にしていただきたいと思います。

この本に書かれていることが保育現場で生かされ、未来を担う子どもたち一人ひとりが元気で意欲的に育つことにつながれば、このうえない幸せです。

序文

子どもに学んで保育を組み立てる

安部富士男

林美さんとの共著『ちょっと気になる子の保育・子育て』（新読書社）を出版してから、すでに一〇年以上になる。版を重ね、多くの方々に読んでいただく中で、林さんが執筆された第二部が「実践に生かす手がかりになった。事例を交えてもっと林先生の話を聞きたい」という話をしばしば耳にした。そこで、林さんと相談して、林さんには「発達の視点で子どもを捉えるとはどういうことか」というテーマで、エピソードをまじえて書いていただき、私は、保育の組み立てについて一言触れながら序文を書くことにした。

林さんの「発達の視点で子どもをとらえる」論点は、子どもたちが生活の中で身につけた「ものの見方、感じ方、考え方、行動の仕方、表現の仕方」への理解を深め、自然や仲間とのかかわりを通して、子どもたち一人ひとりの学ぶ力を豊かにする手がかりになる。

いうまでもなく、保育は経験科学である。

奥付にある林さんの「来し方」は、林さんの子どもを捉える「発達の視点」が、豊かな体験に裏打ちされていることを示唆している。そこに、先輩、同僚、保護者、子どもたちから学んだ林さんの知見の深さを感ずる。

この本が、子ども理解、保育理解を深め、子どもたちそれぞれの学ぶ力を育む一助となり、皆さんの保育・子育てを豊かにする手がかりになることを願っている。

私は、住民運動の中から生まれた保育室や幼児教室も含め、それぞれの保育園・幼稚園の歴史の中に、その園の取組みの独自性を捉える貴重な手がかりがあり、学ぶ力を育む保育・教育とは何かを理解する糸口がひそんでいると考えている。

その手がかりから学ぶ営みの質は、それぞれの園の教職員間の同僚性、理事長・園長・副園長・主任と教職員間の同僚性、それらを含めた教師集団一人ひとりと保護者との同僚性の質に左右される。それらが、園長・副園長も含め、教職員と子どもたちとの同僚性を豊かに育む礎をなしている。

私たちは、幼稚園にせよ、保育園にせよ、「発達の視点で子どもを捉える力」は、それぞれの園の方針を大切に、わが園の子どもたちに学び、教職員と父母が、子育ての同僚として、「わが人生」という物語を豊かに紡ぐ仲間として、人格発達への理解、「できる力・わかる力」への理解を深め合う中で確かなものになると考えている。

この視点を大切に、それぞれの園の実践に即して、林さんの「発達の視点で子どもを捉える」とはどういうことかを理解し、保育園と幼稚園が力合わせて、わが園の子どもたちの育ちを確かなものにしていきたいと願っている。

そこで、今提起したことを具体的事例を手がかりに考え合ってみたい。安部幼稚園の場合を例にあげてみよう。

林さんの「発達の視点で子どもを捉える」提起を、保育に生かすためには、先に触れたように、自らの園の保育・教育の基本方針「建学の精神・設立者が保育に託した想い」を理解することが必要になる。

安部幼稚園の場合は、「教育・保育の基本方針」について、設立者である私は、大学院時代、及川平治（一八七五〜一九三九）、橋詰良一（一八七一〜一九三四）、倉橋惣三（一八八二〜一九五五）の思想と実践に学びながら、幼稚園づくりへの夢を温めた。

そこから、「保育・幼稚園教育（以下『保育』と略称）の要は環境にある」という想いを強くし、自然との交わりを深め、豊かな遊びと楽しい飼育栽培のある生活教育・『保育』の場として、安部幼稚園を造ることを夢みた。

及川の「地域こそ我が園庭・校庭」という思想は、アルバイト学生で幼稚園づくりを夢見ていた私への大きな支えだった。たとえ、園庭は小さくとも、子どもたちが教師・保育者と共に安全に往復できる地域を丸ごと安部幼稚園の園庭と捉えて『保育』を楽しもうと考えたからだ。

及川の保育思想は、橋詰の「家なき幼稚園」や倉橋の「幼稚園真諦」の思想とともに、私を支え、アルバイト学生にも買える山奥の団地造成予定地の隣接地、たとえ北斜面でも園舎が建てられればよい、ともかく、アルバイト学生にも購入できる安い土地を手に入れ、小さな園を造り、そこを拠点に地域の自然の中で遊び・労作を楽しもうと考えたのである。

自然との交わりは、自然の中でたっぷり遊ぶだけではなく、自然の味覚を味わうことも含めて考えていた。蓬や木苺、桑の実や山桃、百合根や柴栗、当時の雑木林は自然の恵みに満ちていた。園庭は狭くても、その片隅に梅、柿、ミカンを植え、道路沿いのフェンスを屏風仕立ての棚にすれば園庭を狭くしないで葡萄も栽培できると考えた。

こんな夢物語の一端を報告するのは、『保育』の基本方針を、地域を包み込んだ園庭の中に具現化しておくことが大切だと考えているからだ。

開園当初、田畑に囲まれていて、園庭裏の山の頂に登ると、雑木林に覆われた丘が、丹沢山塊まで波打つように連なっていて、牧場も点在する穏やかな田園風景を楽しむことができたが、丘は瞬く間に住宅地になってしまった。自然がなくとも、地域は子どもたちにとってかけがえのない生活の場ではあるが、自然豊かな地域が安部幼稚園の園庭として機能した期間はそう長くは続かなかった。瞬く間に「自然林」は、園庭の雑木林に覆われた丘だけになった。

現在は、三千五百坪を越える園地に、四月・竹の子、五月・サクランボ、梅、六月・杏、ビワ、七月・山桃、八月・葡萄、九月・栗といったように、毎月、果実の収穫を楽しむことのできる果樹があり、畑のほかに、ヤギの牧場、ウサギ小屋、チャボ小屋、牧場前や雑木林奥に畑もあって、子どもたちは、自然の中での遊びとともに、飼育栽培を楽しんでいる。

『保育』の基本は、環境による教育である。環境による教育によって、子どもたちは、それぞれ、個性的な学ぶ力を身につけていく。その営みを豊かにする取り組みの要に、子どもたちに学びながら身につけた「発達の視点から子どもを捉える」思想があると考えている。

『保育』は、人格発達の礎を築く営みである。人格発達は感情・感性の発達と認識・操作の発達が綾なして促される。幼年期（国連の条令には、満八歳までを幼児と記されている）においては、感性・感情の発達が人格発達の主導的側面をなしていることに留意して、環境を整えることが大切になる。『保育』は、子どもたち一人ひとりの人格発達の礎を築く営みである。「発達の視点で子どもを捉える」営みは、人格発達を捉える視点に織り成している。

科学的認識の芽生えにしても、仲間とのかかわりを支えに、感性・感情の発達に裏打ちされていることを子どもたちが教えてくれる。その一場面を次に紹介してみよう。この事例は、私の他の本にも綴られているが、その本が絶版になっているのでここに紹介した。

私が、雑木林の丘の麓から斜面を登っていくと、二〇メートル位先の頂き片隅の畑で、YとTが肩を、寄せ合って、二〇株ほどの菜の花を見つめていた。

人の気配を感じて、Yが振り返ると、私を見つけた。「園長先生、ここ吹く風、きれいだよ。黄色い風が吹いている」と教えてくれた。

駆け寄ると、雑木林を吹き抜けるさわやかな風が、菜の花を幽かに揺らせていた。菜の花を包むように吹き寄せ、菜の花を揺らせて吹き抜けていく風を、YもTもじっと見つめていた。

Tが「良い匂いもする」とつぶやくと、Yが、突然、思索する少年の表情になって、菜の花を凝視している。しばらくして「判った。目に見えない蜂蜜が一杯飛んでいるから、良い匂いがするんだよ」と教えてくれた。

Tの発言がきっかけとなって、Yが菜の花に鼻を近づけると、蜂が飛び出してきた。

Yの母親は、ケーキ作りが大好きで、私もお裾分けを頂いたことがあるが、蜂蜜の香が心地良かった。Yの家の台所の棚には蜜蜂のラベルの貼られた蜂蜜の瓶があってYが日ごろの生活の中で目にしているように感じた。

Yの思索は、Tの発言、家庭生活に支えられているように感じた。

私は、『目にみえない蜂蜜がいっぱい飛んでいるからだ』というYの「科学的認識」の芽生えと、その表現の豊かさは、Y自身の感性・感情の発達、仲間との交わりの育ちに支えられているように感じた。その背景に、家庭での生活もある。

とりわけ、幼年期においては、認識・操作の発達は、感性・感情の発達と織りなし、仲間との交わりの育ちに支えられていることを、子どもたちは、私たちに教えてくれる。

幼年期の人格発達は、感性・感情の発達が認識・操作の発達を支え、織り成していることに留意し、環境による『保育』を豊かに構築することの大切さを押さえ、林さんの提起から学んだことをそこに生かしてほしいと願っている。

安部幼稚園の場合は、その視点から自然の中での遊びや飼育栽培を保育に位置づけている。

飼育栽培を通して、子どもたちの中に、どんな力を育みたいと願っているのか、「発達の視点で子どもを捉える」想いの礎にある保育を理解していただく手がかりの一つとして、池田佐和子さんが、保育経験五年目の時に綴った実践報告をお読み頂きたい。

なお、紙数の関係もあるので、栽培については、新読書社刊『幼児に土と太陽を』（安部富士男著）の実践記録をお読み頂きたい。そこに綴られている実践記録をぜひ参考にして頂きたい。

動物と生活する中で感じたこと

池田佐和子

安部幼稚園は、横浜市郊外の住宅街の中にあります。幼稚園に入ると広い園庭があり、枕木の階段を登った上の園庭には、ヤギやウサギ、チャボのいる牧場があります。その奥には〝森〟と呼んでいる広い雑木林が広がっています。園庭や森には、サクランボやビワ、ミカンなどの果実や子どもたちの畑があり、四季折々の味覚を楽しむことができます。果実や花々、木の葉の移り変わりなど、自然を身近に感じながら生活しています。

また、ヤギやウサギ、チャボの飼育をしており毎年、年長組が掃除や散歩、餌やりなどの世話を〝動物係〟として行っています。動物係は子どもたちにとって、年長組になったらできる、楽しみであり、憧れとなっています。

この年、私が担当したのは年長組（五歳児）三一名でした。四月にヤギの出産から新しい命との出会い、二学期にはウサギの看病と死を体験し、動物の命を肌で感じた一年でした。また、動物と接する子どもたちの成長を実感した年でもありました。

そんな、動物と子どもたちのかかわりを、書いてみたいと思います。

子ヤギとの出会い

四月初めに、ヤギのこゆきに赤ちゃんがいることがわかり、年長組になったばかりの子どもたちにそのことを伝えました。小さい組に「静かにしてね」と教えたり、こゆきの大きなおなかを見たりと、こゆきを見守りながら、生活がスタートしました。進級したばかりで緊張気味のYは「こゆき見てくる！　赤ちゃんが生まれたかな」と、毎日大好きなこゆきの様子を見に行くことを楽しみに登園してきました。

そしてついに四月一九日、二頭の子ヤギが生まれました。ぜひ、生まれたばかりの姿を見せてあげたいと思い、子どもたち一人ずつに小屋の中を見せることにしました。

息を潜めて、そーっとのぞく子どもたち。子ヤギはお母さんの横で丸まっていて、あまり見えないにもかかわらず、振り返った子どもは目を輝かせて「いた！」とにんまり。何とも言えないうれしそうな表情をしていたのがとても印象的でした。

子ヤギの名前を決めるときに、「名前は願いを込めてつけるんだよ」と話したことをきっかけに、自分の名前にはどんな願いが込められているのか、家で聞いてくることにしました。

それは、自分を大切に思い、願いを込めて名前をつけてくれた両親や祖父母の温かい気持ちに触れるよい機会となりました。

また、二頭の子ヤギのしぐさや表情、そしていつまでも見飽きることのない愛らしさは、自然と子どもたちを笑顔にし、「かわいいね」と共感し合う、子ども同士の関係も温かく和んだ雰囲気にしてくれていたように思います。

何をしてもかわいいと思える子ヤギとの出会いは、動物のことを大好きになり、大事に思う、とても大切な出会いだったと思います。

ウサギの「ももこ」との別れ

六月中旬、隣のクラスの子どもが、ウサギのももこの足から血が出ているのを見つけ、以前にも、お世話になったことのある動物病院の先生に診てもらうことになりました。

その結果、左後足の二カ所に腫瘍ができていて、足を切らないことには長く生きられないとわかりました。「ももこは足に悪いおできみたいなものができていて、その足を切らないと長生きできないんだって。どうしたらいいと思う？」と子どもたちに相談すると、「足を切るのかわいそう」「死んじゃうよりも切ったほうがいい」と子どもたちなりに真剣に考えていました。

「足を切ると、三本足になっちゃうんだよね。そうするとどうなるかな？」と問いかけると、Mが両手をつき、片足を浮かせて三本足のウサギになったつもりで動き始めました。その姿に刺激されて、全員でやってみると「ジャンプできる」「動かせる」とわかり、足を切るのはかわいそうだけれど、死んでしまうよりも手術をしてもらったほうがいいということになりました。

　数日後、手術を終えてももこが帰ってきました。「ももこが帰ってきたよ」「門のところにいる」。帰ってきたことを口々に伝え合いながら迎えに行きました。ゲージに入っているももこを囲みながら、「ももこお帰り」「もう大丈夫だよ」「がんばったね」と、ももこに優しい言葉をかけ、温かい雰囲気で迎える子どもたちと、頑張ったももこの姿を見て、私自身思わず胸が熱くなりました。

　ところが夏休み中に、傷口に炎症を起こし、ももこは再入院してしまいました。夏休みが明けて登園してきた子どもたちが、「ももこがいない。どうしたの」と聞いてきました。夏休み中のことを話すために年長組全員を集めると、ももこのことを伝え聞いて、保育者の話を真剣な表情で聞いている子どもたちの姿に私は驚きました。それだけみんなが、ももこのことを大切に思い、心配しているのだとあらためて気づきました。そして、夏休みに入院したことを伝え、ももこが病院から帰ってきてからは、ばい菌が入らないようにうんちやおしっこをしたら、すぐにシートを替えるから知らせてほしいと、子どもたちができることを話しました（シート替えなどは衛生面を考え、保育者の手で行っていました）。

そして退院後、ももこは年長組保育室前の廊下で様子を見ることになりました。園庭の小屋より身近な場所にいることで、子どもたちはいっそう、ももこに気持ちを寄せて生活をするようになりました。

「ももこ、おはよう」。登園時にさりげなく声をかける子。じっと様子を見つめる子。ももこを囲んでおしゃべりする子たち。おしっこやうんちが出ると、すぐに誰かが気づき教えに来ました。また、ももこの好きなキャベツやニンジンを家から持ってきたり、ヨモギやビワの葉が体によいと知り、「ももこのお薬取ってくる」と言って、友達と誘い合って森に取りに行く子たちもいました。

そんな子どもたちの優しさを受けながら元気にしていたももこが、九月末のある日、ぐったりとして元気がありません。息が荒く、体が傾いている状態でした。子どもたちもその様子に気づき、心配しながら降園しました。病院で診察してもらうと、肺に腫瘍の転移が見つかったのです。

「肺っていう息を吸うところに移っちゃって、もう長く生きられないんだって」と子どもたちに伝えると、「ももこかわいそう」「だから苦しそうだったんだね」「自分だったら怖い……」など、それぞれの言葉や表情から、ももこの気持ちを察しながら受け止めていることが伝わってきました。それからはももこを病院にお願いするか、そばにおくかどちらがよいか相談すると、ももこもきっと、子どもたちの近くにいるほうがうれしいだろうということで、引き続き子どもたちで、世話をすることにしました。

ニンジンに薬をつけてあげたり、スポイトで水を飲ませることになり、ももこの様子を目の前で見るようになってから、「きのうよりニンジン食べないね」「目が少し閉じている」「きょうは、耳がぴんとしているから元気なのかな」「耳に線（血管）が見える」など、子どもたちはももこの日々の変化や細かいところにも気がつくようになりました。動物病院の先生から、バナナやナシは栄養があってよいと教えてもらうと、お母さんに頼んで持ってくる子もいました。ももこが食べやすいようにと、自分でニンジンやナシを切ってくる子どもたちの心遣いに、成長を感じうれしく思いました。

また、「ももこの具合はどうですか」とお母さん方から聞かれることがあり、子どもたちを通してそれぞれの家庭でも、ももこのことが話題となり、両親やきょうだいなど、家族を巻き込んで一緒にももこを心配していることが伝わってきました。

転移がわかって一週間後、ももこは亡くなりました。真剣な表情や涙を浮かべている顔。それぞれにももこを見つめ、子どもたちはお別れをしました。

ももことのお別れは悲しい出来事でしたが、ふとしたときに「ももこ、げんきかな」「空でももこが遊んでいる」と話す子どもたちの中には、大好きなももことの生活が残っているのだと感じることができました。幼稚園の思い出を絵に描いたときには、Mがももこの絵を描き、「ナシ、あげてるところ。ももこうれしそうだった」と話してくれました。自分の思いや優しさが動物にも伝わるのだと子どもたちが感じられるかかわりをもてたことは、子どもたちにとって、とてもうれしい体験であり、自分と同じように動物にも気持ちがあることを感じられたのではないかと思います。

一年間を通して動物とたくさん触れ合うことを大切に考えて、動物係に取り組んできました。ヤギを森に連れて行ったときには、友達数人と縄を持ってもひきずられてしまうヤギの力強さを感じたり、元気よくジャンプしたことに驚いたりと、子どもたちは毎回新たな発見や楽しみを見つけていました。

チャボやウサギとのかかわりも、初めは怖くて近寄れなかった子が少しずつ慣れていき、抱っこができるようになる。そのことで、フワフワの抱き心地や温かさを知り、もっと動物のことが好きになっていくのだと感じました。また、うんち掃除など少し嫌なことでも、友達と一緒なら頑張れたり、誰かが世話をしなくてはならないことを理解して〝大事な動物のために自分たちがやってあげよう〟と、責任をもって取り組む姿が見られるようになっていきました。

新しい命との出会い・死を体験することは日ごろにはないことですが、新しい命の愛らしさや大切な動物とお別れしたときの気持ちを、隣にいる友達や家族と一緒に感じ、動物たち、そして自分たちもたくさんの人に守られて生きているのだと知る重要な体験になりました。

この体験を通して、自分のことのように真剣に考え、思いやりをもって動物たちとかかわれるようになった子どもたちの姿に、改めて身近に動物がいることの大切さを実感しました。これからも、動物のしぐさをかわいいと感じたり、不思議に思う体験や、自分たちが動物の命を守っていると感じられるよう、子どもたちの驚きや発見、喜びに寄り添って、身近に動物を感じる生活をしていきたいと思っています。（初出『幼児の教育』二〇〇八年六月号　フレーベル館）

＊　＊　＊

池田実践に紹介されているウサギの『ももこ』が、ガンにおかされて体調を崩したために、二階の保育室前の廊下の片隅で飼育されていた時のことである。安部幼稚園では、病気になった動物の世話は、基本的には、子どもたちではなく、教師がしている。

私が階段を登っていくと、子どもたちの『しずかな』歌声が聞こえてきた。その歌声に心和む優しさを体で感じ廊下に出ると、三人の女児がウサギのももこを囲んで歌っていた。「園長先生、ももこ、痛そうでかわいそう」「だからね、元気になるようにって、歌っているの」と教えてくれて、また、歌い始めた。ももこを囲んで歌う子どもたちの姿に祈りを感じ胸をあつくし、子どもたちの中に『いのち』をいとおしむ心の育ちを感じた。

雑木林の尾根を散歩していたヤギが牧場に帰える途中、小さい子にぶつからないように、年長児が交通整理をしている。「ヤギが行くぞ」「階段にいると危ない。ヤギに飛ばされるぞ」などと小さい子に声をかける。動物係が、小さい子どもたちに、ウサギやチャボの抱き方を教えている。チャボのために野菜を包丁でみじん切りする仕事が人気で何時も希望者が多いと、子どもたちは自分たちで話し合ってルールを作り列をつくって順番にその仕事に取り組むようにしている。

体調を崩しているチャボには、食べ易いようにさらに細かく刻んだり、腐葉土の下から小さなミミズを捕まえてきて与えている。仕事を楽しむ子どもたちの姿、交代して小屋掃除する子どもたちを見つめ、命あるものとの出会いの大切さを痛感している。

その中で、仲間とかかわる力がかかわりの意識と織りなして豊かになっていることを実感し、欧米の新教育運動の中で提起されている『3C』の教育の思想を安部幼稚園の保育の中に感じて、それをさらに大切にしようと思う。

『3C』主義とは、例えば、ウサギに関心を寄せる・Concern、世話をすることでウサギが一層可愛いくなって心配りする・Care、世話を楽しむ中で、ウサギや仲間や教師との関係Connectionが深まる。これらが紡ぎ合って子どもたちの人格の発達を促す。この三つの単語の頭文字をとって『3Cの教育』と呼ばれている。

大学院の学生さんと安部幼稚園の保育見学にきてくださった佐藤学さん（当時、東京大学教授）が「安部幼稚園の保育は3C教育だ」と学生に話されて、そこで私ははじめて欧米の新教育運動の一つに「3C教育」のあることを学んだ。以後、教職員たちと共に「3C教育」の視点を意識し保育実践に取り組んでいる。

林美さんの「発達の視点」に立つことによって、『3Cの教育』は、一層豊かになると考えている。

ここに、安部幼稚園の『保育』の視点の一端を紹介したのは、この本を読んで下さる方が自園の『保育』の基本方針と実践を振り返る営みに繋げて、林さんの「発達の視点で子どもを捉えるとはどういうことか」から学んで頂きたいと願っているからである。

自園の『保育』方針と実践に即して、林さんから、学んだことを「子ども理解」「『保育』理解」に生かして頂きたいと願いながら、私の序文を閉じたいと思う。

なお、林さんや安部に質問や意見のある場合は遠慮なく、奥付の連絡先にご一報いただければ、話し合う時間を持ちたいと考えている。

Ｉ　保育園・幼稚園での豊かな育ち

◉障害？　育て方？　環境？

保育園や幼稚園に「ちょっと気になる子を見て下さい」と言われ、うかがいはじめて八年目になります。全園児数とも関係しますが、ほぼ一園に先生方が「気になる」と思われる子どもが六〜七名出てきます。書類として上がってくるケースは、軽度発達障害と呼ばれる子どもが多く、現場の先生方にとっては、その種の研修も多くあり、ＡＤＨＤ、自閉症スペクトラムなどということばが発せられたり、子どもの様子を記入する記入欄にもその疑いがあると明記してあることがよくあります。

軽度発達障害が認知されるようになったことは、今までのような「親の育て方が悪い」の一言ですまされなくなった面から見ると、教育現場としては一定の進歩と考えますが、一体それが本当に障害なのか、虐待等によるものなのか、混乱をきたしている園がいかに多いかと感じています。

現場の先生方に一人ひとりの子どもの育ちをしっかり見られる力を身につけてほしいと考えています。

それでは子どもの問題をどのような視点で見ていけばよいでしょうか。

保育園・幼稚園は、子どもにとって家庭を出て初めて体験する集団生活の場なので、まず先生方は子どもたちの様子を見ることからはじめます。

少なくとも五月の連休明けまでは、園児全体が落ち着かない。そして幼稚園での三歳児はそれからもまだ落ち着かないことが多く見受けられます。

最近は一人っ子、二人兄弟の家庭がほとんどで、いろいろな環境から集まった子どもたちにとっては、集団生活でのルールは初めてで、ましてや入園まで何人かの近所の子どもと遊んだ経験がまったくと言ってよいほどない子どもたちが入園してくる時代となりました。

最近は少子化の影響で、近所に同年齢の子どもを探すことが難しくなりました。また、子どもの集まるところに行っていれば集団の経験が豊かになると思っている親も多くいるようです。

お稽古ごとで同年齢の子どもが集まっていても、お稽古そのもの（スイミングやピアノなど）が上達する体験があっても、友達と遊んでいる最中におもちゃの取り合いをして友達を泣かせてしまったり、そばにいた大人に叱られたり、「ごめんね」「いいよ」と喧嘩と仲直りを繰り返したりする、人間関係の経験の過程で身に付くルールの積み重ねが不足しています。

先生方は、まず子どもたちを「見守る」ことが保育園・幼稚園の基本です。保育者の間ではよく「見守りの時期ですね」と言葉にすることがあります。これは、子どもの心や行動に寄り添い、様子を見ながら生活していくことなのです。「待つ保育」と言われることもよくあります。

繰り返しになりますが、保育園も幼稚園も入園当初は家庭とは異なる環境のために混乱する子どもも少なくありません。同年代の子どもがたくさんいる所で、何時間も過ごした経験が少ない子がほとんどです。さまざまな家庭環境で育った子どもたちが、入園をきっかけに大勢集まるので、これも混乱を生むもとになります。今までは自分のことがよくわかっていたお母さんがそばにいてくれましたが、入園直後は新しい担任の先生に慣れるのにも時間がかかります。

そこで、五月の連休明けころまでは、子どもを「見守る」ことが必要になるのです。

ところが実は様子を見ている間にあっという間に一年が過ぎてしまうことが多いと感じます。確かに入園当初は靴も履かずに園庭を走りまわっていたり、むやみやたらと友だちを突き飛ばしていた子どもも、少しずつ生活に慣れてきます。教師集団で気がかりな子の成長について話し合うと、クラスを乱すことはあっても「毎日ではない」とか「かなり落ち着いてきた」などと、子どもの様子を感じたまま言葉にする傾向になることがよくあります。どのように子どもと接したから落ち着いてきたとかを話し合うことが重要です。

園から相談依頼を受けた子どもたちの中で、障害が強く疑われる子どもは六～七人中一人位で、その他の子どもは、育て方や環境によって障害と疑われる行動をとってしまう子であることが多いと感じています。

今まで保育園・幼稚園は、現場の保育内容やいかにクラス集団と向き合うかという保育の質にこだわってきました。もちろん今でも集団にとってそこはとても大切な視点です。しかし子どもの混乱の根っこにあるものがどのような質のものかをわかるためには、親とのかかわりを横に置いては進まないと考えています。

◉子どもにとっての環境とは

私は、どこの園へ寄せて頂いても、最初に先生方に伝えることは、家庭における環境改善に取り組んでほしいということです。つまり、親の育て方を含め夜ふかしをしたり、食事をとったりとらなかったり、お風呂に入ったり入らなかったりなど、家庭での様子を様々な角度から先生方に探ってもらいます。

親御さんにとって、たとえ子どものためとはいえ自分の子どもの行動を園側から指摘を受けることは、不安でいやなことで、信頼関係にひびが入らないともかぎりません。園から呼び出され、「お宅ではお困りになることはありませんか？」とか「健診では何か言われませんでしたか?」と、子どもの気になる行動に関することを突然尋ねられるのは、親にとってはつらいことです。

親の気持ちを考え、このような唐突なことばかけは避けなければなりません。家庭での様子を聞く前に、とにかく母親と他愛のない話（例えば洋服や髪形など）や子どもの話を、気になる子の親御さんには他の子どもの親と話す三倍は話してほしいと保育者に伝えています。

まず親によく子どものことを見てくれて、親しく話してくれるよい先生に出会えたと感じてもらうことからスタートし、その話の中に、例えば「朝食はいつも何を食べてくるのですか?」と他愛もない話題の中からその子のことをよく知ることができるかもしれません。

◉生活習慣の改善 I──食事

例えば、朝食をとらないで園にくると、どの子でも空腹からイライラしたり咀嚼の回数が少ないと発語・発音が遅かったりします。朝食をとるようにするなど、基本的生活習慣からくる弱さを改善することで、友だちに乱暴な態度で接したり物を投げたり集中して話が聞けなかったりする行動が少しなくなり落ち着いていくのです。ですから、朝食を食べたり食べなかったりと適当にしかとってこない子にまずバナナ一本・紙パック牛乳一箱だけでも口に入れて登園させるよう伝えてもらいます。特に朝の早い保育園の子どもには朝食をとらない傾向がみられ、早朝七時から預ける親にとってはここが一番つらく、つい手を抜いてしまうことが多いようです。他愛ない話の中から子どもの園での様子とつながったり、ちょっとした食事のアドバイスで子どもによい影響を与えたりするものです。

ある保健師さんからこんな話を聞きました。乳児で保育園にも通っていない赤ちゃんの母親が、まだ家で育てている時のことです。

訪問すると、ロールパンが床に転がっていてそれをハイハイしながら取りに行き、かじっていた子どもの姿を見て、保健師さんがたずねました。「朝ご飯はこのロールパンですか?」と。そうしたら、母親が「ハイ。私、朝食食べないので」と返事をされたので、「あきれました」と話していたことを思い出します。

自分中心に生活がまわっているという状況なのでしょうか。子どもにとって何が大切かと考え過ぎて混乱し、小さいころから週に何度も習い事をさせてしまう親や、子どもにとってというより自分の生活が一番と考え、夜遅くまで子どもを振り回してしまう親など、子どもにも環境と体験の差・親の価値観の差が表面化する時代になりました。

今、保育園では充実した給食が提供されるようになり、私も巡回指導で園を訪問したときによく食べさせて頂くのですが、とても手がかかっていて美味しいと思います。お昼は充実していますが、三食の内二食は家庭で食事をとります。

休日にまとめて作り冷凍保存しておく家庭もありますが、最近は出来合いの惣菜も豊富で、仕事を終えて保育園にお迎えに来た後、慌ただしいですが夕食は殆どの家庭がきちんととれていると思われます。

一番大変なのが朝食の支度のようです。空腹で園児が（ケンカや、噛みついたり蹴ったりと）イライラしないよう、バナナや牛乳など無理をしない範囲で朝食をとらせて登園させるよう、親にアドバイスしてもらいたいと思います。

◉生活習慣の改善 Ⅱ——睡眠

だんだん話ができるようになってきても、子どもの集団での困り行動は、まだ親には伝えない方がよいと私は経験の中で感じてきました。また、夜は何時に寝るか、朝は何時に起きるかをたずねます。この睡眠のリズムが、乳幼児の成長にとても大きく影響します。

保育園・幼稚園に入ると、かなり疲れますので早く寝る子も増えますが、「オギャー」と生まれてから集団に入るまで生活習慣が乱れていると、その習慣が長く子どもの成長に影響するのです。

四〇年ほど前に河添邦俊先生から講義を受けたことがあります。その時に提示されたのが別表（三一頁）です。

昔日本がまだ農耕を中心に生活を行っていた時のそこには、生活リズムの大切さが示されています。夜は暗くなれば仕事をやめて早く寝て、朝明るくなれば起きるという動物本来の生活でしたが、いつの間にか世の中が便利になるといつまでも電気はつきっぱなしになり、テレビは深夜まで人間を楽しませてくれるようになりました。

日本人は勤勉です。朝早くから夜遅くまで父親は頑張って仕事をしています。そこで子どもが生まれるまで自由だった母親も子どもができると外食はできない、友だちとはランチにも行けない、自分の自由が子育てによって拘束されると感じてしまうようになってしまいました。

もちろん出産の時は五体満足かを心配したり、こんなに痛みがあることも初めて実感し感動したのも事実ですが、出産して家での生活がはじまり独りぼっちで子育てに追いつめられて不満がつのり、父親に「せめて赤ちゃんをお風呂ぐらい入れて！」と、つい語気を強めてしまいます。母親は父親の帰りが遅くなることは承知していても、赤ちゃんは一日のほとんどが寝ているのだから、夜一一時を過ぎてからまた起こしてお風呂に入れてもらってまた寝かせても、子どもにとってはたいした問題ではないと思ってしまうのでしょうか。そうしないと「私、鬱になってしまいます」という母親の声を聞きます。そうしたことを言われると子どもにとってよい生活の話を伝えていく子育て支援者達はとてもとまどうと言います。

生活リズムを大切にしましょう

早寝、早起きをするには	
1	大人が手本を示す(大人が早寝・早起きの生活をします)
2	朝、一定時刻に起きることからはじめます(前夜が遅くても、頑張って起きます)
3	昼の活動を楽しく充実させます(身体をよく動かし、笑いを多くします)
4	昼寝は、幼児は午後3時以降はさせません(なるべく午前中に昼寝をします)
5	夜、入浴後は静かにします(テレビを見たり、騒がせたり、叱ったりしません)

子どもの夜の眠りの中でのホルモンの分泌

午後8時	暗く、静かにして寝ます
9時	成長ホルモンの分泌が高まります ■筋肉や骨を育て、身体を大きくする働きをします ■脳の働きの育ちを進めます
10時	
11時	
午前0時	情緒の安定や性の成熟をコントロールするホルモンの分泌が高まります
1時	
2時	集中力、意欲、学習力などを強くするホルモンの分泌が高まります
3時	
4時	エネルギーを発揮させ、体温を高くし、目が覚める働きをするホルモンの分泌が高まります ■体温が上昇してきます ■一人で目覚めます
5時	
6時	

(参考:『どの子もすばらしく育つみちすじ』
河添邦俊・河添幸江 著
1986年発行　ささら書房)

さて睡眠のことですが、生まれてから約三ヶ月は殆どが眠っている子どもも、四ヶ月ころから首が座りはじめ、夜は長く寝るリズムがつきはじめます。ここをチャンスに夜中は何度起きても電気をつけず背中をトントンしてなるべく静かにまた寝かしつけます。先の別表を見てください。寝はじめも夜八時から九時のような生活をせめて小学校二年生くらいまで続けると、ホルモンのバランスがよくなり、規則正しい生活習慣が継続されるため、子ども自身が意欲的な子に育っていくと言われています。当然夜一一時ころまで起きていて朝九時ごろになってやっと起き出す子どもは眠りのバランスが小さいころから体内時計に定着するため、体は何年たってもまた早く起きるようになってもなかなか脳の目覚めがよくないと言われ、そのため「小学校一年生の一時間目は体育等で体を目覚めさせる授業。反対に、集中力が求められる科目の授業はやりづらい」と話す小学校の先生のことを思い出します。

つまり少なくとも朝は六時から七時の間に目覚めると、朝の光、空気(風)を感じて、今日一日頑張るぞーという気持ちになります。一度くるった睡眠バランスはそう簡単には修復できません。まず朝早く起こすこと。そして昼寝は遅くとも三時までにはさせること。夜なかなか寝なければ、昼寝の時間を少なくしてうまく起こすこと。それでも夜なかなか寝なければ、日中の活動がその子のエネルギーには足りないと考えたほうがよいかもしれません。つまり、適当に外に連れ出しているか、一日中テレビを付けっぱなしにしていないか、声かけが少なく子どもが一人遊びばかりしていないかなどを考えたほうがよいと思います。つまり朝食と睡眠のバランスがしっかりとれるようになると、子どもが落ちつく傾向にあると考えています。

◉生活習慣の改善 Ⅲ―テレビ・ビデオ・携帯電話

その次はテレビ・ビデオ・携帯電話のことです。一〇年ほど前は一日中テレビをつけたり子どもの気に入ったビデオを何度も子どもの要求にしたがってかけてばかりいる親に、「そんなことをしていると、手や体を動かさないだけではなく、過激的・刺激的なテレビのように音が大きく画面の切り替えの激しいものにしか集中しない子になるから、テレビは親が選んで見せて、せめて食事中はテレビを切ったほうがよい」などと、ごくごく当たり前のことを話していたのですが、最近は携帯電話についても話さなくてはいけなくなりました。

まずは母親のメールです。孤立した育児の中でただただつながっていると実感するのが、ママ友とのメール交換のようです。

別にそれ自体は問題ないのですが、あるケースとして、人と目線が合いにくい子の相談を受けたことから、考えていることを述べます。

「目線が合いにくい」その一言で多くの保育・教育にかかわる人はその子が自閉症と思

ってしまうことが特徴の一つです。よく話を聞くと、子どもが生まれる前からメールが大好きな母親、生まれてからもメールをしながらおっぱいをあげていたようです。

メールは見ないと文字の打ち込みをまちがえます。おっぱいを飲んでいる子は目を合わさなくても飲めます。それが毎日続いたら、幼い子どもは一番身近な母親とのアイコンタクトが取れません。母親から無視された状態が毎日何回かくり返えされます。そうすると母親と赤ちゃんは、人としてきちんと目を合わせて心を通わせる基本的なコミュニケーション能力を培うことができなくなると思うのです。メールを送るにはわりと時間がかかります。今何を優先するかということを深く考えていないのではと感じます。子どもより私が大事という時代に入ったと思えるようになりました。授かった子どもの命は、無事に生まれたらそれで終わりではなく、その後の毎日の子どもとのいとなみが大切です。生まれて数年しか経たず、自分の気持ちも母親に十分に伝えるてだてを持たない子どもを、親である大人がまず第一に子どもに寄り添ってあげてほしいのです。

ある大学の心理学の先生が話していました。母親の相談を受けていると、その横にいた二歳の子どもにある絵本を与えると、その絵本の上に手をかざしたそうで、それはｉＰａｄのしぐさでした。ｉＰａｄは指を広げると大きな画面になります。つまりその絵本に手をかざしたらその絵が大きくなると思ったのではと言いました。やはりテレビ・ビデオ・携帯電話のことはきちんと伝えなくてはなりません。ことばがゆっくりしている場合なども環境が大きな影響を与えます。次頁の表はそれを表しています。

ことばが育つなりたち

○表面に現れる「ことばを話す力」だけにとらわれない。
（ことばが話せるということは、ほんの氷山の一角のようなもの）
○ことばを話す前に、何が土台として育っていなくてはならないか。
（土台が育っていなければ、豊かなことばは増えていかない）

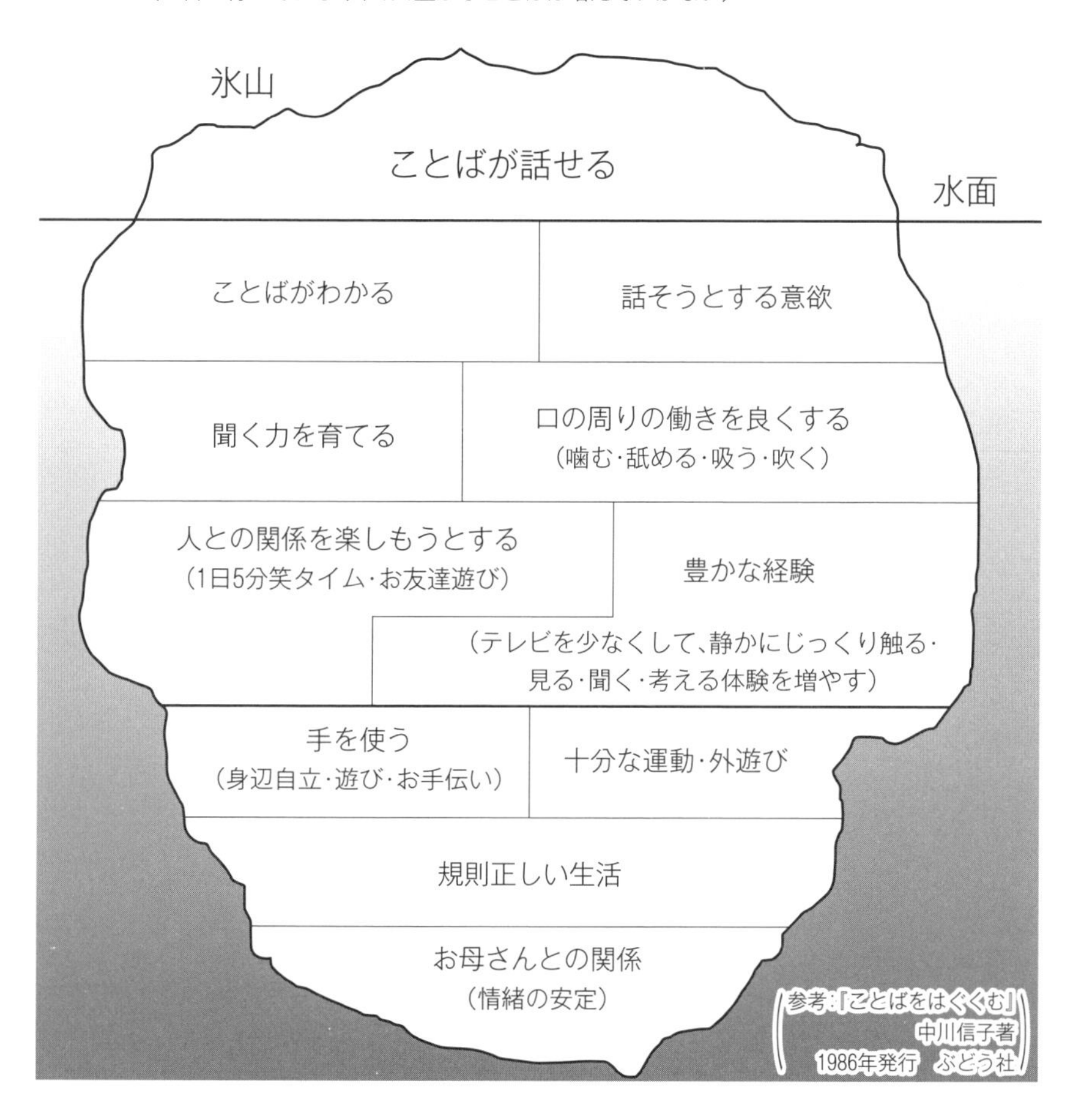

◉ことばが育つなりたち

乳幼児期は運動発達が急速に育つ時期です。それと共に、一歳を過ぎるころからことばが話せるかどうかが親にとっては気になるところです。

そこで、ことばはどのようにして話せるようになるのかを考えてみたいと思います。前ページの図にあるように、「ことばが話せる」ことは『氷山の一角』で、その下にある部分がいい加減だと、なかなかことばにたどりつかないことが多いのです。

ことばは、自分の気持ちを受け止めてくれる人（親や保育者など）とのやり取りの中で豊かになるものなので、まず図の一番下の「お母さんとの関係」では、母親が叱ってばかりしていないかなど、家庭での親子の安定が根底です。その上に、今まで話してきた「規則正しい生活」が大切になります。そして、体を十分に動かし、外遊びもたくさんして、友達と楽しく遊ぶ経験も重要になります。

「手を使う」活動も多くします。これは「ことばは指先から」と言われるように、自分でパンツが履けたり、お手伝いを通じて洗濯物がたためるようになって、器用な手にしていくことも大切です。

また、テレビを見る時間を少なくして、親から絵本を読んでもらって聞く力を育てたり、ことばを話すためには口の中の「口腔内筋肉」をしっかり育てることも重要で、硬いものをかんだり、ラッパを吹いたり、ストローでジュースやミルクを吸ったりなど、口でいろいろな経験を重ねることも重要です。

そして、自分の気持ちを聞き取ってくれる人に囲まれ、親が言っていることを理解して行動することができて、やっとことばが話せるようになるのです。

◉子どものどこを大切に育てるか

私はいつも保護者の方に話す時に、下の図を描いて話を進めます。

まず子どもを一本の木に見立てます。木は根っこがひ弱だとしっかり育ちません。根っこは親の愛情です。子どもをかわいく思わない親はいませんが、家庭内で喧嘩が絶えない家では、子どもはいつも不安でしっかり根を張ることはできません。いつも仲よくはなかなか難しいことですが、まずは家庭が温かいこと。そして食べ物もできるだけできあいの

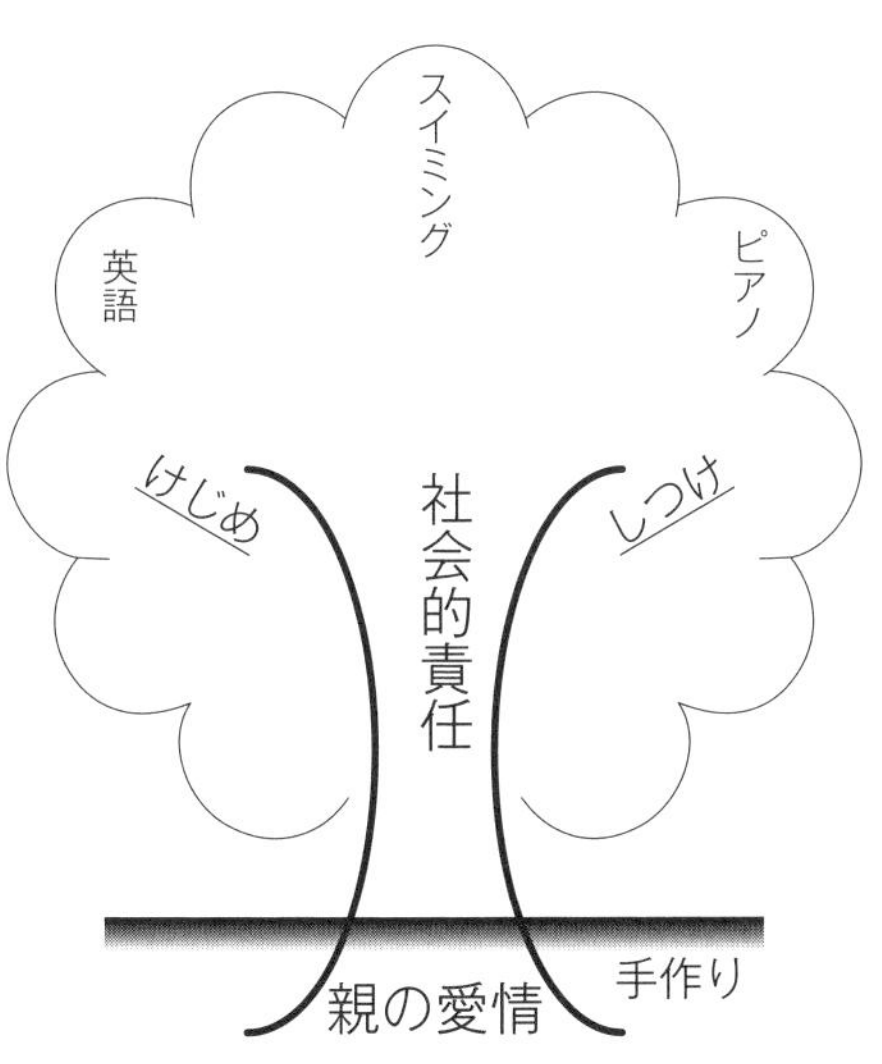

物ではなく、手作りの味を小さいころから舌で覚えさせること。何でもお金を出せば買える時代になりました。子どもたちはハンバーガーやピザが大好きで友だちと外で食べることも多いでしょうが、小さいころからきちんと手作りで食事を与えられていた子は「やっぱり家がよい」と思うようです。昔はだいたい手作りの食事であったため子どもとの絆が深まった良き時代がありました。

手編みのセーターや子ども服（特に女の子）など「これお母さんが編んでくれたの」が自慢で、なおかつ「ありがとう」の気持ちも生まれたのだと思います。根っこはこの辺りがしっかりしていることでしょうか。また幹になるところについてですが、子育てはある面社会的責任だと考えています。

つまり「私たちに授かった子どもたちだから、どう育てようと私たちの勝手」ではないと思います。将来社会を支えていく人間を我が手で育てさせてもらっている。だから不条理なことは許さない。社会に役立つ人間を育てていくという気持ちで育ててほしいと願っています。なので、枝になる「しつけ」や「けじめ」も大事なのです。

睡眠のことは前に述べましたが、おやつなどの些細なことも毎日毎日積み重なると困ったことが起こることがあります。子どもに与えるおやつも世の中にはできあいの物がたくさん売られています。そしてスーパーやコンビニの自販機も世の中に溢れています。二歳くらいになると自分でほしいものも自分で決めることができ、それを要求するようになります。

K君は一度自販機でジュースを買ってもらいました。子どもにとってはとても新鮮な経験でした。しかし、その場所に行ったりスーパーの中でも買ってほしい態度を続けました。母親は、最初は選ぶ子どもの姿がかわいくて買わせていましたが、「ちょっとまずいかな?」と思うようになったそうです。

「一つだけよ」から「今日はダメ」と子どもに対する態度を変えていきました。しかし子どもも知恵をつけ、品物のそばから離れようとせず、がんばってついには大声で泣き出しました。そこを頑張って泣かせておけばよいのですが、根負けし、世間体も気になり、ついに買い与えることが習慣になってしまったようです。それだけではなく、祖父母もいろいろ買い与えてくれるので、K君はいつも物にあふれた生活に慣れてしまったようです。

そこで母親は、勇気を出して子どもと向かい合うことにしました。時間はかかりますが「叱らず譲らず」で頑張り、子どもも自分の思いがそのまま通らないことを体験していったようです。

昔のように誕生日やクリスマスのプレゼントを、首を長くして待たなくても、ほしい物が比較的簡単に手に入る時代になりました。

以前万引きをする息子さん（小学三年生）のことで相談を受けました。その子の場合は与え過ぎというよりは与えなさ過ぎという問題でした。

このケースは子どもにとってはよいと考えることを子どもの望みには一歩も譲らず通した母親の相談でした。テレビはよくないから小さい時から一切見せない、添加物は体によくないから袋詰めのお菓子（スナック菓子）は与えない、小学校に入っても友だちはお小遣いをもらっていてその子も親にお願いしたようですが、母親は必要な時に買ってあげることでお小遣いは与えずにきました。

それ以外にも親の価値観と子どもの思いには、大きな距離があいたままでした。高学年になり、万引きがおこったようです。子育てはよいと思うことを徹底したら子どもは問題なく育つというわけではないのです。親の子どもへの思いと、子の言い分との間にどう折り合いをつけるかが大事なことの一つでもあると伝え、親子の距離を縮めるよう母親と相談を続け、一年近くかかりましたが、子どもが落ち着いたことがありました。

ひと昔前は食べることもままならず、貧しさから万引きをするケースがありましたが、今の万引きは大人でも豊かで経済力がありながら夫の浮気などのストレスが重なり、妻が万引きに走ったり、子どもたちも一度万引きを友だち集団でしてしまったら今度はそのスリルが楽しく常習化するようになるなど、難しい問題に進むこともあります。そんなことにならなくても、物欲ばかりが満たされる生活が続き、高校、大学になると分不相応なバイクや海外旅行やブランド品などを親に買ってもらう習慣がついてしまう傾向もあります。アルバイトや就職した時は自分で何とかできても、結婚して夫の給料で生活をまかなう、子どもを育てるなどにお金がかかると自分のものはなかなか買えずそこに歯止めがかからない人はサラ金に手を出すなど、今の社会はどこにでも落とし穴があり、ちょっとした油断や不安がどうしようもない人生に行き着くこともあります。親は子どもの将来を見据え

「叱らず譲らず」を大切に生活していかなければならないということなのです。

相談の中でさまざまな形でのお金の問題で悩まれる親と出会いますが、小学校三年生くらいになると子どもの問題行動が多く出はじめます。お小遣いがすべての原因ではありませんが、将来を見据えて幼い時から物欲にはしり過ぎないように心を配らねばならないと考えます。

さて、木の葉っぱは落ちたり芽吹いたりをくり返します。根や幹や枝は重要ですが、葉っぱ一つひとつにかなりのエネルギーをかける親が多いと思う昨今です。先の図にある葉っぱにたとえるのは、子どものお稽古ごとです。現代は出産直後からフラッシュカードによる早期教育やベビースイミングなどとありとあらゆるお稽古ごとが氾濫しています。

私が相談を受けたケースでは、二歳の女の子が週五日お稽古ごとをしていて、ストレスが原因なのか、友だちと遊んでいる時、噛みつきや突き倒しが目立つという話でした。

地域活動の一環として、地域の子育て中の親に、曜日・時間を決めて保育園を開放している場での話ですが、その女の子の場合、五日間の内容は、スイミング、リトミック、ピアノ、英語、地区グループ活動と時間を細かく区切り、お友達もそれに合わせて変わっていくようでした。

確か近くに同年齢の子どもがいないため、友だちを求めることが最初のきっかけだったはずなのに、いつの間にかその習いごとの中で『より上手に』『より積極的に』を子どもに求めるようになり、本人が行きたくないと言っても「一度やりはじめたことは簡単に止めない」とか、同じように頑張って通っているのに「ケンちゃんは同じ時にスイミングを習いはじめたのに黄色帽子に進み、あなたはいつまでも赤帽子なのね」とか、ピアノの発表会では同じような年月習っていても「どうしてあなたはこんな曲しか弾けないの」と、子どもの心を傷つけることがよくあるようです。

私は話を頼まれた時よくこのようなことを話します。世の中には何百何千と趣味がありますす。ある日ご主人が「お母さんも子育てにひと段落したから、家にいても仕方ないから僕が入会金を収めてあげたから明日から詩吟の会に行っておいで」と言われたらどうしますか？　詩吟が悪いわけではないので誤解しないでください。つまり自分が望んでいないものを親から誘われてはじめたお稽古ごともピッタリ楽しいと思える子もいますが、あまり好きではなく「行きたくない」と思っている子もいるということを、きちんと認識することが大切です。

プールがいやでお迎えのバスがくるところへ行く時間になるとお腹が痛くなったり、吐いたりする男の子がいましたが、母親はどんなことをしてもここを乗り越えてほしいと、子どもが泣いてもバスに乗せました。結局その後小学校・中学校にだんだん行けなくなりました。そして不登校、引きこもりであっという間に一〇年が過ぎてしまいました。

つまり親の期待に応えられなくなった子どもは、自尊心が傷つき「自分は駄目な人間なんだ」と思い、前へ行く力を失うケースも希ではないということです。四四頁の表は、児童精神科医の佐々木正美先生の講義のテキストの一部で学んだものです。ボーダーラインパーソナリティ（人格障害）と診断名が出る育て方によって起こる二次障害が増えているのは悲しいことです。親が勧めたお稽古ごとがその子に合ってぐんぐん伸び楽しめたらよいのですが、その見極めが大切だと思います。子どもの環境が豊かで親の対応がよいものにもかかわらず多動ぎみだったり、人とのコミュニケーションがうまくいかない子どもは、順調な発達ができているかをしっかり見極める力を保育現場が持つことが重要だと思います。発達にはいくつもの節目があります。そこが順調なら少しくらい多動でも、少しくらいことばがゆっくりしていても、ある時期になるとかなり落ち着きます。しかし、軽い発達遅滞があったりする子はなかなか落ち着かず、個別に支援が必要な場合があります。そこで、次は「子どもの発達とかかわり」について話します。

ボーダーライン パーソナリティの特徴

1）衝動性が激しい……………………………☆周囲を疲れさせる

2）不安定で激しい対人関係のパターン

3）怒りの抑制が特にできない……………☆自分がない

4）同一性（アイデンティティ）の障害…☆自己確立がない（幻覚、妄想、多重人格）

5）感情易変（えきへん）性……………………………………☆感情がコロコロ変わる

☆何をしてもなかなか気乗りしない

6）孤独でいることができない

7）自傷行為………………………………………☆自殺・自傷事故をくり返す

8）空虚感と倦怠感……………………………☆何をしても面白くない、虚（むな）しい

見捨てられ 抑鬱感情が基礎

1）幼児期のある時期に、親から見捨てられる不安を体験

2）「こうしないとダメ」、「ああしないとダメ」と言い続けられる

・ある種の見捨てられ

・「こうしないと、好きになってあげませんよ」

・「こうしなければ、承認しませんよ」

3）強い寂しさ

・孤独　不信感　自信の無さ　　　　（人格の中枢にある）

・幼児は衝動コントロールが悪い　　（幼児性を引きずっている）

☆高度化・ハイテク文明の発達した国、高度に経済成長を達成した国に圧倒的に多い

☆幼児性は人間関係の不足

みんな無口に、隣の席の人にも声を掛けない

（佐々木正美先生講演会での資料から抜粋）

Ⅱ　子どもの発達とかかわり

「子どもの発達とかかわり」を説明した横書きのページは、専門学校や保育士の勉強会に資料として使ってきたもので、田中昌人・田中杉恵著『子どもの発達と診断』（大月書店）を参考にして作成したものです。この資料では『発達の節目』の特徴や保育課題、あるいは障害についてまとめていますが、特に国が定めた四ヶ月や一歳半健診は、障害が疑われることがないかを診ていく重要な『発達の節目』なので、以下に詳しく説明します。

◉〇歳児の発達　乳児期前半─人との信頼関係の土台となる時期

生まれてから初めて公的機関で子どもたちが健診を受けるのが「四ヶ月健診」です。やっと首が座りはじめ、重い発達の遅れや運動発達の問題などが早期発見されるということで、とても重要です。

生まれてから三ヶ月ころまでは体もぐにゃぐにゃしていて扱いにくいですし、首も手で支えないと危ないですし、昼夜お構いなく寝たり起きたりをくり返します。子どもが生まれた時は「五体満足だろうか」「元気に生まれてくれてありがとう」などと心配したり、妊娠中の重かった体も軽くなり解放された気分になるのですが、病院から退院して家に帰り一人で育児をはじめるなかで一番つらく思うことは、子どもの生活リズムが定まっていないことから、夜中に母親が十分睡眠時間をとれないため、育児ノイローゼに陥ることです。

しかしここの三〜四ヶ月ころを何とか乗り切ると昼間は起きて夜間は寝るというパターンが定着しはじめたり、睡眠不足だったためにイライラしがちだった母親も、落ち着きを見せはじめます。子どもの首の座りもしっかりしてくるので、外への散歩も安心して出かけられるようになります。子どもも笑顔が出て、おもちゃに手を出そうとしたり意欲的な姿勢がうかがえるために、子育てが少しずつ楽しくなります。

このころ保健所などでも健診を通して地区の子育てグループの紹介や子育て支援者のいる地区センターなどの紹介もはじまり、孤立しない子育てに向けていろいろと情報提供してくれます。

◉発達の節目で障害をとらえる

発達の節目で障害の有無を判断するのに一番大切なことは、首が座っているか、寝かせて両手首を持ち引き起こしても首がちゃんとついて起き上がってくるか、ということです。この首は完全に座っている、もうちょっとなのか、まだまだなのか、など首が座っていなければすぐに問題というわけではありませんが、五ヶ月を過ぎても座らない場合は、将来的に発達の遅れが疑われる場合もあります。

また追視といって、四ヶ月健診の時に赤いガラガラを顔の真ん中から右へ、また戻って左へなどと子どもが左右きちんと赤いものを目で追うことができるかを診る検査がありま す。幼い時、特に目は「飛び出した脳」とよく言われますが、首の座りが少しくらい不安定でも追視がきちんとできていれば大丈夫と判断される大きなポイントです。

そして体のバランスです。体全体がぐにゃぐにゃしたり、抱っこがしづらくそっくり返りが多くある場合、運動神経系のもつれや脳性麻痺系の弱さが発見されることもあります。四ヶ月健診での検査方法としては、赤ちゃんをうつ伏せで寝かし、大人が両手で腰を持って体を持ち上げて、体のバランスに極端な左右差がないかを診るやり方があります。

首の座りのゆっくりしている子は、おしめを替えたりするたびにうつ伏せ姿勢にして胸の下にバスタオルを枕のようにくるくる丸め、それを入れ、体を支えると少しの間首を支なります。

えることができ、様子を見ているよりもこの状態を何度かくり返すと早く首が座るように

エピソード(1)

以前私は、小児医療相談センター子育て事業室の講師として母親達の子育て相談を受けることをしていました。

その当時所長だったのが児童精神科医佐々木正美先生で、先生を中心に子育て雑誌を出版していました。その購読者が何名か集まりグループをつくり、そこに講師が出向き雑誌の読み合わせやお互いの子育てを励まし合う機会を設けていました。

ある日私は初めてのグループに出かけて行きました。そこは小さな集会場で子育てをもう終えそうな母親や、まだ赤ちゃんをおぶっている母親などがいて、地域の結びつきがほほえましいグループでした。

話し合いが終わりに近くなったころ、背中に赤ちゃんをおぶっていた母親が「ちょっと用事がありますので先に失礼します」と席を立ちました。私はおぶった赤ちゃんを見て、顔立ちはしっかりしていたけれどもまだ首が座っていなかったので、残っていたお母さん方に何となく「先ほどの赤ちゃんは何ヶ月ですか」とたずねました。そうしたら「もう八ヶ月になるんですよ」とのこと。皆さん心配顔でしたが、「母親が深く心配していないいので何も言えない」とのことでした。八ヶ月になっても首が座らないのは何かしら運動発達

などに問題がある可能性があるかもしれないので、一度その親子の家に行くということになりました。母親は元小学校の教師で、優しい温かい人柄でした。

そこでどうして心配しなかったのか、よく話を聞いてみることにしました。母親は、妊娠中毒症にかかり高血圧のため早めに入院したようです。その病院で、点滴を受けている間に針の刺さっているところからバイ菌が入り赤ちゃんの心音が聞こえないという状態になったので、帝王切開で早めに出産することになったそうです。

その病院は、母親の地域では一番大きな大学病院で安全・安心を選んで受診されていました。

最初は五体満足で生まれたこともあり何一つ心配はされなかったようです。三ヶ月が過ぎなかなか首が座らないけれども医師からは何も言われないでいました。結局私と出会うまでずっと経過観察が続いていたようです。

早期発見、早期療育と言いますが、医師でもない私が方向転換させていいのか迷いました。結局、知り合いの仲介でその子の父親とこっそり面談することになり、当時横浜総合リハビリテーション・センター（以下、リハセンター）で神経小児科医として多くの子どもたちを支えてきた林万り先生に診てもらうことになりました。

その子は横浜市の在住ではなかったので、診察と結果を告げ次の方向性を支持される形で動くことになりました。その結果、出産時の低酸素脳症による脳性麻痺ということでした。時間が経っていることもあり、訓練が急がれました。

横浜市在住でないため、リハセンターでの指導が受けられず、京都にある聖ヨゼフ整社園の家森先生のところで親子のボイタ法による訓練ができるとのことがわかり、すぐに親子入院を一ヶ月近くすることになりました。

それからは毎日母親がボイタ法の指導を受け、その訓練を一日何回か行うとともに、私も最初は月に二回程度自宅に行き、発達支援のための個人指導をスタートさせました。

どのような遊びを喜ぶか手探りをしながら、揺さぶり、くすぐり遊びを母親と一緒に『シーツブランコ』『ララ雑巾』『一本橋こちょこちょ』などの歌に合わせて行いました。そして笑顔をいかに引き出すか、また外へ散歩に行きながら犬や猫、自動車や電車など実物との出会いの大切さを感じられるよう、日課を作っていきました。またすべり台、ブランコのような変なゆれ方、高低差のある物の遊具を体験させ「感覚統合遊び」をできるだけ数多く組み入れ、母親には毎日の生活リズムをしっかり確立する方向で交換日記も進めていきました。それから一年ほど経って少しずつ育つ姿が見え、その子は近くの保育園に登園することになり、あわせて近くの療育にも通うようになりました。私はそこで個別指導から手を引くことになりました。

その子は今二〇歳を超えました。そして、良い笑顔で元気な弟さんと一緒に映った家族写真の年賀状が送られてきます。

首の座りが遅れる子は別に障害でなくてもあります。頭が大きかったり首が細かったりなどですが、〇ヶ月から一年の間での運動発達は本当に早いのです。すべてのことがゆっくりだと結局歩行（大体一歳から一歳半までには完了）のところまですべてが遅れ遅れになり、同じ誕生の別の子は一歳半ですべり台を自分で登ることができているのに、まだ歩くことができないと、見える世界（視野）に差ができたり、視野の広がりから多くを知る力が育つなど、育ちに少なからず影響しかねないと考えます。

前段で書いたように、できるだけ多くうつ伏せの状態でバスタオルを胸の下に入れると少しは早く首が座る例に度々出会ってきました。保育園でも〇歳児クラスはこのサポートをするとかなりしっかりしてくるようで、生活に工夫がない育てられ方をすると全体的に運動発達が遅れる傾向にあります。ちょっとしたサポートが子どもの発達支援に役立つようです。

首の座りが遅れることは心配ですが、かと言って二ヶ月ころから首の座った赤ちゃんを抱くと、そっくり返りが多く抱きづらいとの話を聞くこともあります。

H君は二ヶ月ころに首の座った赤ちゃんでした。保健士さんの育児教室で、私が遊びの指導を担当し、保健士さんが母親の首の座りについて相談にのるという形で保育をすすめていた時、私が学んだことですが、母親のどちらか抱きやすい腕を腰に丸く円を描くようにしたら中に赤ちゃんを折りたたむように入れこんで抱っこしてあげると、毎日何回かしている内にそっくり返りが少なくなるとのことでした。H君の母にそのことを伝えて一日いやがらない程度に回数を増やしてもらったら、四ヶ月ころになるとそっくり返りが激減しました。

子どもの発達とかかわり(4・5・6ヶ月)

乳児期前半―人との信頼関係構築の土台となる時期

4ヶ月

- 体重―――生まれた時の二倍
- 昼と夜の区別がつく
- 首が座って周りを見渡すことができる
- 親指が開いて、物を触りにくる(物に触ると指が開いてくる)
- 仰臥位で非対称から対称的に、手と手、足と足を軽く合わせるようになる
- 伏臥位―――肘で身体を支え、頭を上げる
- 自分の方から相手に微笑みかける
- 自分の方から周りに働きかけ、周りの働きかけに応えようとしていく

保育課題

- ・あやし遊びを大切に
- ・笑い声を引き出す
- ・おもちゃで遊ぶ(目と手の協応)

発達の節目で障害をとらえる

- ・追視
- ・首のすわり
- ・バランス

5ヶ月

- 四肢を活発に動かし、足を組み合わせたり手で足をつかんだりできる
- うつ伏せにすると、手のひらを開き、胸を反らせて身体を支える
- 支え座りにすると、首がしっかりすわり、周りを見回す
- 周りのおもちゃに手を伸ばしたり、仰向けのまま差し出された物に手を伸ばす

保育課題

- ・おもちゃを両手で持って遊ばせる

6ヶ月

- 見知らない対象には笑わなくなる
- 選択的微笑みの段階……人見知り

(参考:『子どもの発達と診断』
田中昌人・田中杉恵著
1981年発行　大月書店)

◉大切な七ヶ月の特徴

七ヶ月ころになるとお座りができるようになります。またどちらの方向にも寝返ることができるようになります。お座りが不安定な時は、母親の膝の上にのせ腰の辺りを支えて座らせ少しずつ支える手をゆるめたり、ブランコなどの楽しい遊具でそのような経験を増やすことも大切です。寝返りも、同じ方向ばかりに寝返らないよう反対側からも興味のあるおもちゃを与えたり声をかけたりして、両方平均的に寝返りができると体のバランスもよくなると思われます。興味を引くおもちゃなどでは苦手な方向に寝返らない場合、仰向けに寝かせ寝返らせたい方向に腰骨のところに手をあて、ちょっと強く押してひっくり返る手助けをしてあげるのも一つです。

七ヶ月ころになると『人見知り』がはじまります。母親以外の人はいや。父親も（毎日ずっと家にいないので）いや。男の人はいや。もちろん知らない人はいやと、対象がはっきりしてきます。信頼できる人と知らない人との違いが子どもの中にはっきりしてきて、コミュニケーション能力がきちんと芽生えているかがわかるのが『人見知り』と言われています。

親は「人に預けられない」「何でもかんでも私でなければだめなの」と、育てつらい時期を迎えるのですが、この『人見知り』があればコミュニケーション能力が充実し、子ど

子どもの発達とかかわり(7ヶ月)

7ヶ月

- ■座らせると座位を維持する
- ■どちらの方向にも自分で寝返ることができる
- ■腹這いで腕を突っ張って後ろに下がる
- ■持っている物でテーブルを叩いたりする
- ■二つの物を左右に持てる
- ■一方の手から持ち換えることができる
- ■小さい物に興味を持つ
- ■両手に持っている物を打ち合わすことができる
- ■お椀やスプーンに興味を示す
- ■母の笑顔や怒った表情がわかる
- ■「だめ」、「危ない」などと叱ると、悲しそうな顔になる

保育課題

・「高い高い」の揺さぶり遊びを多く取り入れる

・形の大きさ、重さ、滑らかさの違うおもちゃで遊ばせる

発達の節目で障害をとらえる

(5、6、7ヶ月)

・人見知りをするかどうか

・寝返りの方向に偏りがあるか

・寝返りをしないでお座りのまま移動をするか

(参考:『子どもの発達と診断』
田中昌人·田中杉恵著
1981年発行　大月書店)

もの発達にとっても大切な行動なのです。子どもが泣いたり嫌がったりすることに困っている母親には、むしろ喜ばしいことと伝えるとよいと考えます。

そして、手の育ちも豊かになり二つの物を同時に左右の手に持つことができたり両手に持っているものを打ち合わせることができたり、一方の手の物を持ち替えることができるようになり、目と手の協応能力が豊かになります。このころから特に小さい物に興味を持ちますので、危険なもの（ボタン電池や画鋲、ヘアピンなど、口の中に入れたら大変な物）やコンセントなども保護しておくことを勧めます。

◉乳児期後半―ことばの前のことばを豊かにする時期

一〇ヶ月ころはお座りからハイハイへ、そしてつかまり立ちもできるようになり、運動発達は急速にしっかりしてきます。「ちょうだい」と言われると物のやり取りができ、バイバイや「いないいないバァー」などの動作模倣ができ、より一層可愛さが増してきます。自分の名前を呼ばれるとふり向くようにもなります。このころからご飯の支度をしているのを見て「マンマンマン」（有意味喃語）が出たり「ブーブーブー」（反復喃語）なども出てくるようになります。

子どもの発達とかかわり（10ヶ月）

10ヶ月

- つかまり立ちができる
- 左右にゆれても倒れないで元に戻れる
- 自分でお座りしたり、ハイハイしたり、その逆もできる
- 腹這いから、膝の四つん這いができる
- 3項関係の形成と場面と結びついた簡単な言語理解
- 「ちょうだい」といわれると渡すなど、物のやり取りが可能となる
- つかまり立ちをしながら、もう一方の手に物が持てる
- 親指と他の4本の指の対置によるつかみ方が始まる
- 有意味喃語が形成される—マンマンマンマン
- 反復喃語が盛んにでる—ブーブーブー
- 大人の指さしに反応→定位の指さし→要求の指さし
  - 定位の指さし↓ 興味を引いた物にオーオーと声を上げ指さす。
  - 要求の指さし↓ ほしい物と大人を交互に見る。
- 自分の名前を呼ばれると振り向く（自他の区別）
- 動作模倣（手遊び、芸）「バイバイ」、「いないいない、バァー」の模倣が成立する

保育課題

- 揺さぶり遊び
  やりとり遊び（距離を置いてボールを投げる）
  手伝い遊び（ゴミぽい）を大切に
- ハイハイを促す
  （斜面階段、でこぼこ、草、砂、土）
- チョキチョキなどの伝承模倣遊びを多く取り入れる

発達の節目で障害をとらえる

- ゆさぶり、くすぐりをいやがらないか
- つかまり立ちが、左右どちらもできるか
- 四つん這い姿勢ができるか
- 指さしができているか

（参考：『子どもの発達と診断』
田中昌人・田中杉恵著
1981年発行　大月書店）

◉発達の節目で障害をとらえる

保育園などではわらべ歌を使って『一本橋こちょこちょ』などのくすぐり遊びやシーツブランコなどの揺さぶり遊びも楽しい活動の一つになりますが、それをとてもいやがる子がいます。いやがれば問題というわけではないのですが、発達障害の子どもの多くがこの一〇ヶ月あたりのゆさぶり、くすぐりをいやがった過去歴をよく聞きます。変なゆれ方、必要以上の接触などがいやなのかもしれません。

エピソード(2)

横浜市をはじめとした保健所では、一歳六ヶ月健診後のフォロー教室「親子教室」を開催し、一歳六ヶ月健診でことばが遅かったり、運動発達に弱さがあったり、人とのコミュニケーションが弱かったりする子に対して、遊びを通して笑顔やできる力を育てようと、合計一〇回ほどの保育計画をたてています。その中で、毎回組み入れる遊びとしてゆさぶり遊び、くすぐり遊びがあります。

人と関係を持つことが苦手だったMちゃんは母親の膝の上に乗ったり体をくすぐられる(『ラララ雑巾』や『一本橋こちょこちょ』)などの乳幼児がキャーキャー喜ぶわらべ歌遊びなどになるとスーッとどこかへ行ってしまいます。

体幹のバランスをくずされたり自分を拘束されたりされることがきらいで、母親は必死で追いかけていました。

これらの遊びは「感覚統合遊び」と言います。ブランコ、すべり台、トランポリン、バランスボードなど変なゆれ方、高低差のある遊具なども感覚を刺激するにはとてもよい遊具なのですが、Mちゃんはこれらの遊具もいやがって走りまわっていました。三ヶ月ころからうつ伏せにさせると大泣きし、抱きしめてもおさまりませんでした。

子どもを指導するうえで、「いやがることはさせない」という考え方もありますが、少しずつ経験を積み重ねながら抵抗を少なくしていくことも乳幼児期には大切なことだと伝えながら支援を続けていきました。一歳半健診で早めに発見され苦手な行動をフォローしながら対応したため、Mちゃんは三歳を越えたころから行動に落ちつきが出てきました。

できる限り「感覚統合遊び」を保育園の中でもとり入れると、子どもの発達支援に大きな役割を果たすとたくさんの子どもたちから学びました。また寝返りと同じでこのころのつかまり立ち、つたい歩きは左右のバランスのよいことが運動発達上大切なので不得手な方向から声かけやおもちゃでの誘導が大切になります。

また四つばい姿勢つまりハイハイ（ずりばいから四つばい、たかばい）への移行はしっかり支援した方がよいと考えます。一生の内で人間だけがたった四ヶ月ほどしか四つばい姿勢をとりません。

この時期の充実した体験が内臓を丈夫にし、背筋、腹筋、腕の力、足の蹴る力などを充実させます。

家庭環境の影響もあって、ハイハイをせず、すぐに立ち上がってつたい歩きをしてしまう子も珍しくありません。そんな子どもの母親達にはできるかぎり広い場所（公民館のフロアーとか）へ連れていき、ほしい物に向かう時つかまるものがない場所へ連れていくなどの工夫をするよう伝えます。

またどこでもハイハイができることが大切です。砂の上、芝の上、スロープ通路などの経験の幅が広がることはとても大切だと考えます。

さらに、このころの指さしはとても重要です。「定位の指さし」と言って興味を引いた物にオーオーと声をあげ、母親からその名前が出ると、それを内なる言語にためこんで知りたい気持ちを指さしによって要求を高めるコミュニケーションがすすむ時期です。

ことばが出ていなくてもほしい物と大人を交互に見る「要求の指さし」など、自分の気持ちを通して相手に理解される形で指さしが出てきます。

しかし、指さしがまったく出ない子もいます。『人見知り』と同じで、人と関係を持つことが弱い発達障害の子どもたちはこの指さしがなかったり、親の手を借りて〝クレーン〟と言われる形で自分のほしい物を母に取らせることがあったりします。

指さしが出ているとことばがゆっくりしていても「その内出てくる」とも言われています。

動作模倣ができたり指さしが出たり手伝い遊びができると、一歳半健診前の一〇ヶ月段階で順調に発達しているか確認できる大切な時期です。

エピソード(3)

一〇ヶ月ころには自分でハイハイしたりお座りしたりをくり返し生活します。

K君は前の事例でも話したように、子育て事業の中である地域を担当した時に出会った子どもです。その子は二歳を超えていましたが、まだ歩くことはできませんでした。

驚いたのは、ハイハイはいっさいしないでお座りしたままずっと移動することでした。うつ伏せ姿勢が大きらいで、すべての行動がお座りでの移動でしたので、階段を使って二階へ上がる時も背ばい、仰向け状態で上がっていくため、頭の後ろの髪の毛がずるむけになっていて何もない状態でした。

もちろんことばも出ていませんでしたし、以前からお散歩に出かける時も、ちょっと外でベビーカーから降ろすと、石を口に入れたり葉っぱや草を口に入れたりと、異食と言われる行動も見てとることができました。一歳六ヶ月健診ではどのように言われたか母親となかよくなってから聞いてみたところ、担当医師からは「特に心配なことはない」と指導を受けたとのことでした。

各市町村は、健診を地域の小児科医に依頼し実施しているところが多いため、発達の細かなところを十分理解されている医師もいますが、必ずしもそうではない医師が健診することもあります。

Ｋ君の母親にもう一度保健所で診てもらうことを勧めました。そして、再度親の不安を訴え、また同じ先生に診てもらうことになりましたが、再び「特に異常はなく様子を見ましょう」ということになりました。

私は、以前の事例もあり他の機関での再診察を勧めることにしました。診察の結果、歩くことは時間はかかるが可能と判断されました。しかし『カナー型』の重い自閉症との診断になり、自主的に市の障害児施設とコンタクトを取り、療育指導を受けることになりました。私も毎月訪問し、母親のサポートと子どもが受けている指導に添いながら、母親にどのようなことができるか具体的な援助をしていきました。

中度・重度の知的な遅れと自閉症の大きなこだわりが食生活においてもあり、さらに妹がいて母親の苦労は計り知れないものがありました。

子どもが順調な発達を遂げることが困難な場合、まれにこのような大変な障害が隠れていることもあります。さまざまな環境によっては、ハイハイをしないでつたい歩きをし、歩いてしまう子もいますし、保育園でもこのような子どもたちが時々見受けられます。そこで、運動発達だけが気になるのかなど、細かく見ていく力が必要です。

Ｋ君は養護学校支援となり温かい両親に支えられて育っていきました。

◉一歳代の発達　乳児から幼児へ—話しことばを獲得しはじめる時期

四ヶ月健診の次に公的な保健所での健診は一歳半健診です。四ヶ月健診は重い知的な遅れや運動面での問題があるかを見つけます。どちらかというと重い発達の遅れを発見する健診でしたが、二回目の一歳半健診は軽度発達遅滞やＡＤＨＤ（注意欠陥多動性障害）、ＬＤ（学習障害）、自閉症スペクトラムなどを早期に発見する機会として最も重要な健診です。

ここで早期に保健所でアドバイスをしてもらい対応がよいと、ことのほか落ち着きが早くなります。

◉発達の節目で障害をとらえる

一歳半の力は、歩けるということが一番大きなこととしてとらえられることでしょう。親にとっては一歩が出る時を記念日としてとらえる人が多くいると思います。

人間としての二足歩行確立期です。一歳半をこえても歩かない場合、少しサポート（体操などで腹筋をきたえる）などが必要ですし、健診で整形などの受診をすすめられることもあります。

乳児から幼児へ　話しことばを獲得しはじめる時期

1歳半の発達……「～デハナイ～ダ」の活動スタイル

- すべり台で階段を登って姿勢を変え、降りまた階段から登る
- 目標に向かって行き、戻ってこられる
- 障害物があっても、別の方から回ったり、跨いだりする
- 犬ではない、猫だ（可逆の指さしができる）
- ゴミポイができる、見立て、つもり行動がとれはじめる
- スプーンが使える
- 3～4個のつみ木を重ねることができる
- 1語文から2語文へ　ブーブー来た
- 自分のほしい物をことばで表す
- 絵や物を指して自分から名前がいえる
- 自分でしようとする意欲が高まり、手間がかかり、だだこねも出てきて、“自我が誕生”する

保育課題

・他の世界→自己決定をさせる
　どちらかを選ばせる
・道具を使って変化する素材（泥、粘土）に働きかける遊びを大切に
・手を使って外へ働きかける遊び

発達の節目で障害をとらえる

・歩行について
・ことばの育ち
・触覚防衛
・砂場、絵具
・指さしの確認

（参考：『子どもの発達と診断』
田中昌人・田中杉恵著
1981年発行　大月書店）

そして、ことばとしては名詞が一〇個くらい（ぶーぶー、ワンワンなど）はあってほしいと健診項目の一つとして言われていますが、一〇個なくてもまたことばが出ていなくてもそれだけで「問題がある」とは判断されません。

早い子は二語文が出る子もいます（パパ、カイシャ、ママ、ネンネなど）。理解が急速に伸びるのもこの時期で、一歳では動物はすべてワンワンと言っていた子も、絵を見て「ワンワン、ニャンニャン」など「ワンワンではなくニャンニャンだ」という『～ではなく、～だ』の理解する力が多く出てきます。ことばが出ていなくても指さしで理解できていれば、一歳半の節目が超えられたと健診で見ていきます。

◉保育課題

この時期は自我が誕生する時期で、自分でしようとする意欲が出てきて「自分で、自分で！」と言いますが、結局はまだ一人でできなかったり、「お出かけしよう」の声かけに「イヤだ！」とすぐに言ったりしてしまい、「イヤだ、イヤだ！」の世界に入っていきます。

そこで親や保育士が強く何としてでも言うことを聞かせようとすると、トラブルにトラブルが重なり、子育てが大変になります。そうした時はうまく切りかえられるような方法に知恵を絞る必要があります。どちらかを選ばせるなど、自己決定をさせます。

例えば「スーパーに行くよ」「イヤだ〜！」。そこへかわいい靴下と白い靴下を見せて「どっちはいていく？」などの選択肢を出すと、「こっち！」と言ってかわいい靴下をはきたがり、その後母親とルンルンでスーパーに出かけたりします。

そんな知恵のしぼり方が、このころの子どもとのやりとりには大切なポイントになります。

またスプーンが使えるようになりますが、スプーンの使い方ばかりしつこく教えても、食べることがいやになったり、スプーンを持ちたくなくなったりします。

一歳半ころには歩けることも助けになり、意欲的にもなるため、変化する素材（砂・泥・粘土など）を通して大きなバケツに大きなスコップで砂を入れたり、小さなコップに小さなスプーンで砂を入れたりなど、遊びの中で道具を使うことを楽しみながら行うと、生活の中でも道具が器用に使えるようになります。

また泥や粘土のような変化する素材で山を作ってはこわし、可塑性のある素材に触れ、集中力・発散力を育て、「あ〜、すっきりした」という体験を幼児期に身につけておくことは、気持ちの切り替えが上手くなるとも言われ、幼児期の遊びは、その後の成長にも少なからず影響を与えるようです。

エピソード(4)

一歳半健診は子どもの発達の節目の中でもとても大きな節目です。

ここで軽度発達障害が疑われる子が健診で見つけられます。今は健診や訪問だけの判断でその子の弱さがどこからきているのかわからないことがあります。前にも述べたように二五年ほど前から、横浜市の保土ヶ谷保健所をかわきりに、親子教室での遊びの中で、チームを組み、スタッフ面々で子どもの問題について観察検討を重ねることが続いています。

その中でも療育をすすめなければならない子どもの親への説明が一番難しいことになりました。だれが、いつ、どのタイミングで療育へ通うことを伝えるか、いろいろな立場（保健師、心理職、保育士などのスタッフ）の方が伝えていかなければなりません。ところが実際には、子どもにとって何をしていくのが一番よいのかを考え、一つの選択肢として「療育に通う」という選択を決断できない親子がいるのが現実です。

その中で、今でも忘れられない親子がいました。子どもは二歳六ヶ月。とにかく動きまわり、親や指導者の静止には見向きもせず、ゆさぶり、くすぐり遊びはスルリとぬけ出しことばも年齢相応というよりは一歳半位の単語がやっとでした。

母親は、自分の子どもより少し大きな子どもたちに文字などを読めるように自分の家を開放して教える仕事をしていました。

保健所のチームで検討した結果、やはり早期に療育機関に週一回でも通い指導を受けたほうがよいということになりました。

私も母親と話をする中で、少しずつ考えていくことを伝え続けました。そのころは、子どもに障害があるかどうかをきちんと診断できる医師が、いろいろな保健所で月一回位健診後のフォローのために、心配な子どもを見るシステムがしっかりできていました。

運動発達の遅れがある子どもは、神経小児科医の林万リ先生の診察がある保健所に各保健所から送られ、今でいう自閉症スペクトラムのような発達障害が疑われる子どもたちは、その当時、小児療育相談センターの所長をされていた児童精神科医の佐々木正美先生が、神奈川保健所をステーションに各地区の保健所から送られる親子と面談され、親子教室、心理判定などの報告を踏まえ、親御さんに今後の方向性をアドバイスしていました。

プライドの高い母親でしたから、佐々木先生の仕事や大きな病院でも半年待ちで診察が受けづらいことなどをお伝えし、その先生が診察されて「大丈夫」と言われたら本当に安心できること、「こうされればよい」とアドバイスされれば、そうすることで今後の心配も減少するとお伝えし、神奈川保健所での診断に誘うことに成功しました。

ところがその診察が終わってしばらくして、保健所担当医師に付いていたケースワーカーからこんなことを告げられました。

「いや〜、あんなかたちで診断を受けに来られた人を、私はこれまで会ったことはない」と。いったい何が起こったのかと聞いてみると、プライドの高い母親は、先生に失礼があってはいけないと、まず母親は訪問着、子どもには毛皮のコートを着せ、風呂敷に高級ウイスキーを入れ、それを差し出したそうです。もちろん先生は受け取らなかったのですが。

本来、子どもの発達に心配なところがあると言われただけで、半分心配・半分大丈夫と心ここにあらずとなると推察するのですが、結局何のために行ってもらったのかわからない結果になりました。

先生の話は聞かれたそうですが、自分がどうするかは別の問題としてとらえたため、療育へはつながらないまま終了となってしまいました。

私たちは早い時期に何とかしたいと思いますが、やはり育てるのは親です。どこかで親の気持ちを変えることができる人と出会うかもしれませんが、子どもが成人になるまでずっと変わらない親もいます。人の気持ちを動かすのが難しい事例に出会うことがあることを頭に入れておく大切さを学びました。

◉二歳半　幼児期前半―話しことばを豊かにしていく時期

一歳半ころから約一年、一歳半健診では単語（名詞）が一〇個ほど言えればよかったのに、二歳半ころには単語が五百から千語にまで増え、十分ことばで気持ちを伝えることができるようになります。

◉発達の節目で障害をとらえる

理解する力として、大小がわかるか？　という項目があります。これはK式（京都国際方式）の発達検査の中の項目です。ちょうどこの年齢は幼稚園の入園面接の時期に入ります。

面接は各園の創意工夫によってなされますが、ことばで二語文が出ていて、大小●●（赤い色紙で○を貼る）位置をまわしてもどちらが大きいか理解できていたらほぼ発達（認知面）の遅れはないと考えてもよいと思います。

つみ木も今までは高く積むことができましたが、横に長くつなげることができる縦と横の構成が見本を見て積み上げることができるかなども、二歳半の力が充実しているかがわかることです。

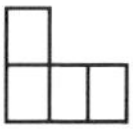

このようなことが理解できているか、入園面接で確認したり、保育園でも三歳までにこれらのことが遊びや生活の中で育っているかを保育者が見ていきます。まだ育っていない場合は、手をかけてあげるとよいと考えます。

例えば、ボール遊びをするときに、大小のボールを見せて「大きい（小さい）ボールだね」とことばと物とが対応することを意識して話したり、物を運ぶときも「ヨイショ、ヨイショ、重～い、重～い」と声をかけながら動かしたり、積み木遊びでも、組み立てた積み木を何かに見立てて「トラックだよ」と形作りながら遊ぶなどと、心がけるとよいと思います。

◉保育課題──「ごっこ遊び」への発展を見通して

最近は、近所の子ども同士遊ぶことも少なくなり、また幼稚園・保育園でもまったくままごとコーナーがないところもあります。

私は、幼児期にこそ『ごっこ』をたくさん経験してほしいと考えています。

つまり、子ども時代は何かが上手になる力も大切ですが、友だちと共感して相手の気持ちを考えながら、正解のない遊びに没頭することがとても大切と考えています。

例えば『ごっこ遊び』は、その場に集まった友だちと子どもたちのかかわりの中で、自然にパン屋さんごっこに発展し、お客さんを呼んだり、それらしき廃材を使ってパンに見える物を作ったり、パンを売れるように並べたりと、日ごろお母さんと一緒に買い物に行って見た様子を再現しながらやり取りを進めていきます。

一斉に同じ遊びをするのではなく、その場に合った遊びを深めて行き、「またあした、続きがしたい」という気持ちが育っていくことは、人と関係をつくっていくうえでとても重要な力だと考えています。

幼児期前半　話しことばを豊かにしていく時期

2歳半

- 腰を落として両足跳びや高い所から飛び降りることができる
- ほしい物があっても「後で」と言い聞かせると、少しの間待つことができる
- 「アトデ」「マタアシタ」など、口に出して自分に言い聞かせながら、気持ちや行動を切り替え調節する力が育つ
- 物の上下、大小がわかる
- 単語が500〜1,000語になる
- 「イヤ」、「モット」、「ドウシテ」などのことばが増える
- 大勢の中で名前を呼ばれても、「ハイ」と返事をする
- みたて、つもり活動が生まれ、「ごっこ遊び」へと広がる
- 意味付け……「どうして」としつこく難しいことを聞く
（コミュニケーションがとりたい）

☆自我の拡大と自立性の育ち

自我のための抵抗

└→自分のことは自分で決めたい…「自分でする」を主張する時期

└→自分でするといったのにできない

保育課題

・「ごっこ遊び」への発展を見通して

・みたて、つもり活動を豊かにする

・（「ごっこ」ができない場合、仲間とイメージを共有する姿がつかみにくくなる）

・自立のための抵抗を受け止める

・行動上の問題を発達要求と捉えて、遊びを豊かに

指吸い
頻尿
性器いじり｝手を使って遊ぶことなどを多くすること

発達の節目で障害をとらえる

・2語文の充実が見られるか

・折り紙など簡単な仕組みを理解できるか

・大小がわかるか

・自分の名前がいえるか

・つみ木で簡単な構成を模倣することができるか

（参考：『子どもの発達と診断』
田中昌人・田中杉恵著
1981年発行　大月書店）

そして、二歳半ころは（一歳半のところでも書きましたが）、自我の拡大と自立性の育ちがとても強くあらわれ、母子との関係がうまくいかなくなることもあるかもしれません。自分のことは自分で決めたいのに、やらせるとやっぱりできない時には、けっして「言ったくせにできない」などの、子どもを否定することばを出さないことが重要です。

かたづけもそうですが、最初は子どもが二割、親が八割、それでも子どもががんばってかたづけられたことを評価してほめてあげます。そして、時間をかけてだんだんと子どものかたづける割合を増やしていきます。そうして一つひとつに自信を持って自立させてあげてほしいと思います。

エピソード(5) 支援者への助言

ちょうど一歳半ころから二歳半ころまでの一年は、ことばが急速に伸びる時期です。このころは自我の確立の時期に入るため、子どもの「自分で、自分で！」という気持ちと「言ったくせに、できない」という親の気持ちのボタンの掛け違いが思わぬ親子関係を生み出す時期でもあります。

子育て支援者のための講座を頼まれた時のことです。

質疑応答の時、ある支援者がこんなことを質問されたのです。

二歳の男の子の親子が地区センターに来所し、母親からこんな悩みを相談されました。

「あの～、子どもが私のスマートフォンを使ってドラえもんのソフトを使って遊ぶようになったんです」

最初は幼い子どもがうまく携帯電話を操作することをほほえましく思っていたお母さん。だんだんと子どもの要求が強くなり、何度も何度もスマートフォンをさわりたがるようになりました。

最初は受け入れていましたが、さすがに一日に何度もさわりたがったり、挙句の果てには夜までやりたがり、夜の一〇時を過ぎてもやめることができなくなりました。

そこでご主人に相談したところ、「それは君の育て方が悪い」と、言われたらしいのです。

その支援者は心の中で「その通り」と思いながらも、どのように母親を支えていこうかと考えながら話を聞いていたら、母親から、「私、こんなことを主人に言われて鬱になります」と聞かされて、驚いたそうです。

その支援者は、「それは子どもにとって確かによくないですね」と言うつもりだったのですが、「私、鬱になります」のひとことで、「私の言ったことばで、その後、ほんとうに鬱になられたらどうしよう?」と思い、ことばを出すことができずその母親の話を聞くだけの形で終わってしまったそうです。〝私の対応はどうすべきだったのか〟とのことでした。

最近、こちらの考えていることを伝えることが難しい時代になりました。私はその支援者に「何も急に結論を言わなくてもいろいろ試す方向を伝え、うまくいかなかったら、あるいは伝えられなかったことが気になるのなら、相談者名簿などでその方に電話をかけて様子を聞いてあげることも考えられるのでは?」と伝えてみました。臨機応変、これはよくない、ならばどうするか。頭の中で瞬時に考えをまとめなければならないことも支援者には求められることだと思うのです。

エピソード(6)

二歳を過ぎると多くの子どもたちがお稽古ごとに出かけるケースに出会います。子どもの乱暴・落ち着きがない・言うことを聞かないという親の悩みが多くなる時期です。生活の様子を聞いてみて、「えっ、そんなにたくさんお稽古ごとにいっているのですか?」と思うことに出会います。

月曜日はピアノ、火曜日はスイミング、水曜日はリトミック、木曜日は地域のグループ活動、金曜日は学習塾など、一週間ほとんど休みなく何かのお稽古ごとに行っている子どもたちが大勢います。

親にとっては近くに同じくらいの子どもがいないために、何かお稽古ごとに行けば一緒に遊んでいる気持になるのではないかと思うようです。

子どもたちが遊ぶというのは、同じ場所で何かを習うことではないと考えます。お稽古ごとは、月謝を払って活動そのものが上手になることです。

ですから、ピアノを習っている時に友だちとケンカをしたり取り合いっこをしたり、また笑って楽しくお話をすることはありません。

子どもが友だちの中で社会性を身につけることは、自由な遊びを通した中で育つのです。一緒に習い事をしているだけではそれらの活動は生まれません。その習い事で出会ったことをきっかけに家に行ったり来たりすることを求めるのであれば、それはよいチャンスなのかもしれません。

ある幼稚園の三歳児でとても変わった行動をとる男の子（T君）がいました。部屋でみんなが新聞紙を細かくちぎった雪のような物を舞い上げて、楽しい新聞紙の遊びをしていましたが、そのそばでT君は新聞を読んでいました。もちろんすべて読めるわけではありませんが、部分的に字を読んでいるのです。

また、段ボールをキャタピラのようにして、中に子どもが入って乗り物ごっこをしていました。「どこに行きますか」「○○駅で～す」楽しいやり取りの最中、その段ボールを上から見ていたT君は「和歌山ミカン」とひとこと。

「う～ん、字が読めるんだ」とそう思いました。

その後クラスの友だちが近づいていくと、それはとてもいやなことらしく、泣いてどこかへ飛び出して行きました。また、一〇分おきに「母親に会いたい」をくり返し、道具箱にかけてある自分のカバンを持って帰ろうとします。先生は何度も何度も声をかけ、T君の気持ちをおさめようとしていました。

そして極めつけは英語です。年長さんが大なわとびで、「一・二・三」と一〇まで読めば抜ける遊びをしていました。その横でT君は英語で数をかぞえていました。一（one）から一〇（ten）まで言える子もいるのですが、T君は一一（eleven）、一二（twelve）…と英語で言い出しました。

先生方は、こだわりもあり高機能自閉症ではないかと疑ったのですが、T君としっかり向かい合ってみると、発達障害を疑うところはありません。環境要因、例えばお母さんの子どもへの対応や様子かとも思い、お迎えに来られたお母さんに会ってもみましたが、特に問題がありそうなお母さんではありませんでした。

先生が、T君と母親がどのような生活をしてきたのかいろいろ聞いてみました。すると、「幼稚園の入園時期がきたから手続きをした」とのことでした。それまで一度も友だちとも公園遊びもしたことはないとのことでした。

前にも書きましたが、英語や学習塾などの多くのお稽古ごとには参加していたとのこと。とても偏った親子関係と生活だったとびっくりです。

それからは、親指導がはじまりました。

いったい子ども時代は何が大切なのか。園と家庭での過ごし方など、ていねいな助言を行い、数ヶ月経ってT君はすっかり落ちつきました。

◉三歳から四歳　幼児期後半　自制心が育つ時期

「いやだ　いやだ」の自己主張の時代から、ちょっと育てやすくなる三歳児。自分でやりたい気持ち（自我の確立の時期）を母親や保育士に十分受け止めてもらって育った子どもたちは、心の成長の過程でいろいろな環境や人からの影響を受けて自制心が育まれていきます。

例えば、友達と遊んでいて、友達が持っているおもちゃがほしくなっても、無理やり取り上げることはしないで、「かして」「いいよ」など大人の仲介を重ねながら、「ぼくのだけれど、かしてあげる」「園のおもちゃなので、みんなで仲良く使う」などの心が育ち、我慢するようにもなります。

また、お弁当や給食の時間も「みんなが揃うまで待つ」ことができるようになりますし、片付けもほかの子を意識して「A君ががんばっているので、ぼくもがんばろう」とか、給食を食べている時に、好きな友達がもう食べ終わって外へ遊びに出かける様子を見ると、「自分も早く食べて、一緒に遊ぼう」とほかの子を意識し自己を振り返る力も育ってきます。

自宅でも留守番ができるようになり、お母さんのゴミ捨ての時なども、少しの間子どもだけで待つことができるようになります。

体の機能の一つとして、聴力もしっかりしてきます。音程を捉える力も豊かになり、歌詞を記憶する力も育ち始め、みんなと一緒に楽しく歌を歌うようにもなります。

一方、四歳前後になると、爪を噛んだり、指をなめたり、まばたきをしたり、性器をいじったりなど、癖についての保護者からの相談が多くなります。育っていく（自立していく）過程で、子どもなりに緊張したり不安になったりしていきます。そんな時、指を口に入れたりしたら気持ちが落ち着き、それが続くことによって癖になると心配されます。ただ、うるさく注意すればするほど（布団の中で）隠れてやったり、今までとは違った癖が始まる子もいます。

時間がかかるかもしれませんが、いずれおさまるので、あまり口うるさく言わず、ブロック遊びや積み木などの手を使う遊びや、お皿を並べるとか洗濯物をたたむとかのお手伝いで、手を使う活動へと導くことも大切です。

また、癖に似ていますが、「心の杖」を持つのもこのころで、タオルやハンカチ、人形などをしっかり持って生活する姿を見受けます。どんなに汚れていても絶対洗ってはいけなかったり、隠すと大騒ぎしたり、子どもなりのこだわりがあり、それらを持つことで心が安定し自立の支えの一つになる時期でもあります。

自制心も少しずつ育つというよりも、昨日できたことが今日はできないなど三・四歳は「発達が行ったり来たりする時期」とも言われる手のかかる時期でもあります。ですから、

3歳から4歳　幼児期後半……自制心が育つ時期

3歳～5歳……生理的基盤に顕著な所がある

- ■心臓の中心器官の重さが増す
- ■分岐した管が太く長くなり、かつ細分化する
- ■機能的成熟期に入る
  - ◆肺活量は800㎠となり、脳下垂体から分泌される成長ホルモンの働きも強くなり、下垂体成長期に入る
  - ◆筋肉組織が強くなる
  - ◆足根骨が9個と、成人と同じになる
  - ◆手根骨も4～5個と成人の半分までに達する
  - ◆視力が1.0前後になるとされ、遠近の区別がしっかりする
  - ◆聴力も青年期と殆ど変らなくなり、メロディーの記憶もすすみ始める
  - ◆匂い、味がこれまで以上によくわかる
- ■各種の感覚器および関連機能の感受性が高くなり、生理的基盤が整う
- ■生下時に比べ身長が2倍、体重が5倍、胸囲・頭囲が1．5倍を超え、中枢神経系の成熟が一定の段階にすすむ
  - ◆脳の重さが1100gから1200gへと成人の80%になる
- ■運動面……けんけん、うさぎ跳び
  - ◆片足を上げながら、一方の足で跳び続けて行くことが可能
  - ◆歩くとか走るという動作をしながら、他の人の速度や方向、姿勢に合わせられる
  - ◆食事をしたり服を着ながら、自分もでき始めたことをしている友だちの方に注意を向け、自分のしていることが終わってから参加しようとする姿がみられる

3歳後半～4歳前半

- ■「～だけれども～する」
  - ◆寂しいけれども留守番をする
- ■4歳前後ころによく見られる
  - ◆ぼくのだけれど、貸してあげる
  - ◆お腹が空いたけれど、みんなが揃うまで待つ

「さっさとしなさい」と抑圧的になったり、「こうでしょう」と先取りせず、
「～だけれども～なのね」と認めていくことが大切。

（参考：『子どもの発達と診断』
田中昌人・田中杉恵著
1981年発行　大月書店）

子どものペースで時間がかかっても、「さっさとしなさい」とか「こうでしょ！」とか先取りなどせずに、「やろうとしたけど、時間がかかったね」とか「友達と一緒に遊びたかったけど、すぐには貸してあげたくなかったのね」と、子どもの気持ちを認めていくことが大切な時期です。

◉五歳から六歳　いろいろなことを理解する力が充実する時期

ちょうど年中の運動会が終わったころから小学校入学前までの年長のころは、いっきに個別の発達とともに、クラスで取り組む劇ごっこや、粘土での街づくりなどグループで活動することで得られる達成感といった育ちがめざましく伸びるころになります。

幼稚園で言えば、年少、年中の一学期ごろまでは友だちと一緒に生活しているものの、あまりまわりは見えず、「好き」「きらい」の二者択一だけだったのが、好き・きらいの間に「普通」があったり、自分と他者との生活の中間にルールが生まれ、他人とのやり取りの世界が充実し、簡単なルールのある遊びが、みんなと一緒にできたり（ドッジボール・缶けりなど）、タイヤ取りやなわとびなど三節一単位と言って『手をついて、飛んで、立ち直る』とか、『歩いて、回って、飛んで入って、飛んで出る』などの複雑な力が充実してきます。

また、話しことばも文脈で自分の気持ちを相手につたえることができ、気持ちを深いところで共有できるようになります。

認識でも、『赤・白・桃色』、『いる・いらない、今いらない』などや、造形表現でも、『上・下・斜め・縦・横』『空・山・地上』『花・幹・地面』のように、描画表現でも『地面の下に大根があり、地面の上に葉っぱが出て、そのそばに大きな木が生えている。その上に空と太陽がまぶしく輝いている』などの大小や位置などがより深く理解できるようになります。

人の気持ちもよくわかるようになり、「先生がおこっているから静かにしよう」とか、みんなで相談し合って物事を決めていく力も豊かになり、運動会の全員リレーや劇ごっこなども一時間近く話し合ったり、友だちとの折り合いや場の空気も少なからずわかるようになります。

このころは、一つのことを時間をかけて『やれた』という達成感、『自分は自分でよい』という自己肯定感をしっかり達成させていく。集団での学びを、生活を紡ぎながらいかに育てていくか、保育の質を問われる時期だと考えます。

そして、学童期の前になると、保護者は文字が読めるか、また書けるかなどを気にしはじめます。早く興味を持つ子もいますが、なかなか関心を寄せず、「外で遊ぶことばかりに興味があって」と困ったように言われる保護者もおられます。

しかし、この文字への興味には個人差があり、基本的には小学校の一年生の七歳で十分

■3次元

自分と他者との世界の中間にルールが生まれ、やり取りの世界が充実する	敵と味方———鬼と隠れ手 先生と生徒———売り手と買い手 迎える方とお客—読み手と聞き手

■グー　チョキ　パー

あいこ

■三節一単位	タイヤ跳び—	手を突いて	跳んで	立ち直る
	縄跳び———	走って	廻して	跳んで
		入って	跳んで	出る

■人と向かい合っての綾とり
針に糸を通す
} 極めて細かい道筋、ルールを持った技にも挑戦

■高い　同じ　低い
長い　同じ　短い
大きい　同じ　小さい
} 中間が基軸として成立

■話しことばに文脈が伴う

アノネ　エーットネ　ソレカラネ　エーットネ

サッキ　イマ　ツギ　キノウ　キョウ　アシタ　ハジメ　ツヅキ　オワリ

今　間　次などを媒介して、相対的に独立した概念が確実になっていく

■大　小の2次元の世界に「中」の概念が成立

きれい　汚い　少しだけきれい

■3次元の認識

赤　白　桃色

ザラザラ　スベスベ　ツルツル

好き　きらい　どちらでもない

乾いた　普通　水っぽい

要る　要らない　今要らない

■3次元の表現(造形表現)

上　下　斜め

縦　横　高さ

空　山　地上

花　幹　地面

(参考:『子どもの発達と診断』
田中昌人·田中杉恵著
1981年発行　大月書店)

5～6歳児の発達的特徴……理解する力が充実する時期

- 体型は6等身
- 運動エネルギーの産出に関係ある心臓や肺も出生児の6倍になる
- 30～40分以上続く遊びに打ち込める
- ルールによる位置の入れ替えや役割の交代がある
- 遊びが蓄えた力と仲間関係をもって、家庭と通園する保育園･幼稚園との二つの世界以外のところに、自分達で第3の世界を持ち始める
- 成人脳重量の約90%に達する
- 脳波などは測定しやすくなる
- 視力は1.0～1.2
- 中間色、音などに対する感受性も、よりデリケートになる
- 嗅覚の鋭敏さは、6歳で最高値に達する
- 成長ホルモンの成熟
- 「～しながら～する」活動が豊富
- ズーット　アッチ　コッチ　マンナカ　アイダ
- 中間にあたるところが自分の正面で、多面的な向きを持ちうる基軸になる
- ここ　そこ　あそこ　真ん中　右左(みぎひだり)　前後(まえうしろ)など3次元の関係が深まる
- まどろっこしい会話になる

「何を言いたいの」 「ゆっくり話してごらん」 「今忙しいのよ」	先取りされると	アホ　バカ　マヌケ 汚い言葉、調子にのった言葉で 文脈を繋げる気持ちを補う

- 迷路をよく描く
- ルールに必要なお金、メニュー、カレンダー
- 内面的な第3の世界としてのテレビ、ビデオ、絵本を作る
- 6歳児は身体が大きく自由を存分に我がものとする中で、その中に書きことばを織り込んでいく
- 書きことばの「元(もと)」を培っていくのに、受動的で貧困な体験しか持たされず、叱られて或いは非人道的･非教育的な状態に置かれて文字に対面させられることのないようにしたい

なのですが、情報が多い現代では早くからワークブックなどを子どもに与える保護者も多いと思われます。

このことの基本は、子ども自身が興味を持って覚えたがっているかがいちばん大切です。興味を持った時がチャンスと言いますが、「ママ、これ何て書いてあるの？」と聞かれた時に教えてあげるのはいいですが、興味も何もないのに無理やりやらせると、覚えることはしても楽しいと思えないと、『勉強ぎらい』にならないとも限りません。物事はほどほどが大切です。

文字や数字への興味は、前提となる力が身についているかが重要です。まず話しことばによる表現が豊かかどうかですが、最近は私たち大人も豊かにことばを交わすことが少なくなりました。若者たちの会話でも「超カッコいい」とか「すげぇ～」とか、表現の幅が一定だったり、子どもたちも単語で自分の意志をつたえ、それを大人が察してあげる対応をよく見ます。

例えば、何かがほしくても「ジュース」とだけ言って「ジュースを飲みたい」とか、「ジュースちょうだい」ときちんと話す子どもが少なくなりました。

日ごろの家族との会話を充実したり「ジュース」とだけ単語を言ってきた時は、「ジュースをどうしたいの」と気持ちをことばで表現できるよう誘導することも、話しことばを豊かにするためには必要です。

絵本もまた、子どものことばや心を豊かにするためには大切な役割を果たします。昼寝の前、夜寝る前などを節目に、絵本を読んでもらう習慣がある子は、話すことばは未熟でもことばを豊富にため込みます。ことばがあふれるように出る時には、絵本など日常生活では交わされないことばの豊かさが語彙数の広がりや興味・関心に広がりを見せます。『日本昔話』や『イソップ物語』は人生の中でやってはいけないことをたくさん教えてくれますし、『てぶくろ』や『三匹のヤギのガラガラドン』など出版されてから五〇年の間読み続けられている作品は、人を思いやる気持ちや体が小さくても心が強ければ大丈夫など、生きる力をたくさん与えてくれます。

私たち大人はもう一度、IT（information technology＝情報技術）漬けになった社会の中で、子どもを育てるうえには何が大切かをしっかり考えなくてはならないと思います。

早くから文字が書けることが、学力が身につき、学校に行ってから習うより少しずつ早目に教えていくと子どもの能力も高まり、その先へ進む近道と思い、まだスプーンやフォーク、そしてお箸なども上手に使えない時からワークブックを与える親の話を聞きます。

絵を描いている中でも、例えばお日さまの☀や家の⬆のような形ができていないのに、ひらがなの『く』の字や『の』の字などは書けません。文字が書けるようになるには、クレヨンやマジックで絵を描く時に形が書けるようになってからで、例えば『△』が書けないと『く』は書けません。つまり、二歳半ころは、やっと『〇』が書けますが、まだ『△』は模倣の力と器用性が整っていないため、書くことがむずかしいのです。

表現の一つである絵画は、二歳位だと「〇」をぐるぐる書いて、その中にお話を織り込んで「△△ちゃんと、きのうあそんだの！」と自分だけがわかる世界で表現します。
形（図形）が書けるようになると、他人から見て「家の形」や「お日様の形」とか、表現するものが、話していることと一致してくることがわかります。そのように描けるようにならないと、文字も正しい形にならないのです。

まだまだ生活の中で器用な手になりきっていない子どもに、先取りして教えないことが重要です。例えばスプーンやフォークが上手に使えたり、自分一人で靴が履けたり、パンツやシャツを脱いだり着たりができても、お箸がうまく使えたり、積み木を複雑に積み上げることができたり、クレヨンで力強く画用紙に絵を描いたりするという、より高度な動作ができることが大切です。

また、算数の基礎となる力でも、二歳半から三歳ころには『大小』や『多い少ない』がわかります。生活の中でおやつを分けてもらうと、兄弟でコップの中のジュースの『多い少ない』でもめるのも、理解がすすんでいる証拠です。一〇程度の数概念でも、お風呂の中で親と一緒に「一・二・三」と唱えたり、一〇個のつみ木の中から三個をとり出すことができたり、一人に一つずつ物を配ることができたりなど、具体的に数を生活の中で使い、『一＋一＝二』の文字だけの操作に入ることができるようになります。

とび越えてやってもできますが、小さいころの運動発達と一緒で、『ハイハイ』しないで歩くことは、やはり積み残しがおこるのと同じように考えてみたいことです。

エピソード(7)

幼稚園の園長を一一年間引き受けた中で、心に残っている出会いや出来事が、この本を書くにあたっていろいろとよみがえってきます。年中児五歳のN君は、年中から入園してきました。電話での問い合わせが最初で、幼稚園を見学に来られた段階で、本当によくできた心の温かい両親でしたので、この両親のもとに生まれてN君は何て幸せだろうと思うほどでした。

N君は、これまでは『アスペルガー症候群』と呼ばれていた診断名の出ていた子です。今だと自閉症スペクトラムの診断名が出されると思われますが、賢くて聡明な顔立ちをした子どもでした。緑色が大好きで画用紙も緑、クレヨンも緑にこだわるので、担任は本人の気持ちを受け止めつつも困ることが多かったようです。色以外にもこだわりがすごく、丁寧なことばづかいで「跳び箱六段を一番にとべるようになります」と言って、本当にだれよりも早くとべるようになりました。

しかし、いつも何でも自分のたてた目標が達成できるとは限らないので、とても心配したことを思い出します。

食にもこだわりがありました。おにぎりが好きなのですが、『ふりかけ』をおにぎりにかけないと食べられません。小さなおにぎり五個に五袋の『ふりかけ』が入っています。毎日そうしないと納得いかないこだわりがあり、食の偏りや塩分のとりすぎも心配しました。

いちばん驚いたことが、大きな行事で起こりました。

園の中で行った節分の豆まき行事の時のことです。

鬼には園長ともう一人の男性教諭がなり、各クラスの前を通り、準備していた豆を鬼に向かって当てて、鬼を園から追い払うという行事でした。

節分は、各クラスで先生から話を聞き、絵本を読んでもらい、日本の季節の行事を楽しむ形で迎えることになっていました。

N君は、以前から鬼になりたいと言っており、緑色の画用紙でお面を作り、当日はみんなと一緒に歩きまわっていました。

園中が豆でいっぱいになり、鬼は園の外へ逃げていき、先生たちは子どもたちを部屋に入れて、フリーの先生方はほうきで踏みつぶされた豆を掃く作業に追われていました。

園の外に出た園長と男性教諭はすぐさま着替えをして隠れていました。三〇分ほどして職員室に戻ったところ、「先生、N君を見かけませんでしたか?」と、大慌てで担任の先生がかけこんできました。

それから二〇分ほど、どんなに探しても見つからず、近くの商店街など、ありとあらゆるところを探し、時間だけがたっていきました。私は万が一のことを考え、母親に連絡を取りました。

母親は、すぐに家を出て探してくれました。その結果、毎日の通園路の大通り手前で無事見つけてくれました。もどってきた時は全園児が給食を食べ終わる時刻でした。

大事なく終わりほっとしましたが、どうして出て行ったのか。N君はN君の理屈があったようでした。絵本を読んでもらっていて、その絵本での結末は「鬼は、家に帰りましたとさ」との話でした。そこで、当日鬼をしていたN君は、最後は自分も家にもどらなくてはと考え、園の門の二重ロックを解除して出ていったことがわかりました。

職員間での反省では、自閉症スペクトラムの子にとっては非日常であること、一人の補助の先生を付けていたにもかかわらず、このような事件が起こったことを今後くりかえさないためにも、時間をかけて協議しました。

軽度発達障害といわれる子どもは、重い遅れのある子と違い、自分のことが少なからずわかっていて、補助の先生がずっと付きすぎるのもよくなく、行事とのかねあいについて難しい課題を突き付けられた出来事でした。それからは、普段は距離を開けて補助をしても、普段と違う行事では変化が大きく混乱も起こりやすいため、園児から目を離さないことを確認しました。

エピソード(8)

障害なのか育て方（家庭環境）なのか、入園してくるといつも考えてしまう子に出会います。

五歳児年長のO君は、一歳になる前に両親が離婚しています。父親と一緒に祖父母の所で生活し、ほとんどを祖父母によって育てられていました。入園してから甘えが強く、担任を独占するようになりました。

わざと叱られるようなことをしてまで、先生に追いかけてもらいたいO君については、環境が大きく影響していると考えました。祖父は、特に孫であるO君のために力を注ぎましたが、父親の責任を意識させるために、子どものことは父親にもいろいろ伝えてほしいと言われたので、ある日父親と面談することになりました。

O君の心の中について、お父さんはどのように思っていらっしゃるのか、質問をしました。

面談最中にも拘らず、携帯電話の音が鳴ると「今面談中なので、後からかけなおす」と言うのが普通と思っていましたが、父親は面談を中断してかかってきた相手と急ぎではなさそうな話をはじめました。

この対応を見て、祖父は「父親として、もっと責任感を持ってほしい」と常日ごろから思っていたのではないかと推察しました。

複雑な家庭や難しい親子関係という中で育ったO君は、『みてみて行動』で自分の気持ちを発散しないではいられなくなっていたようです。

私たち職員は、気になるO君に温かい声をかけ、スキンシップをして父・祖父母との面談を何度も重ね、O君へのかかわりを具体的にお願いして、育てていくことにしました。

その後、特に知的な遅れは認められず、心の問題が強いと考えて一年が過ぎていきました。

あっという間に年長になり、他の落ちつかなかった子どもたちも、さすがに年長になると成長が見られ落ちついてきましたが、O君だけはより気になる行動が増えてきました。ある日、参観日に多くの母親と弟、妹がやってきました。靴を脱いでスリッパで部屋に入ります。廊下の外にはお母さんたちの靴がいっぱい。その辺を小さい子どもたちがうろちょろしていました。

その時O君はクラス活動からぬけ出し、脱いであった靴にジョウロで水をまくという事件を起こしました。そのことがあってから、私も担任も、ただ家庭環境だけではないと考えるようになりました。以前、祖父との面談でもO君のお母さんが家の中が片づけられず、冷蔵庫の中もぐちゃぐちゃで、毎日できあい物、ピザの宅配の繰り返しで、息子（O君の父親）も愛想がつきたと言っていました、と聞いたことがありました。話から、母親は片づけられない症候群の要素が強いと思いました。

大人になって発達障害が顕著に表れるのは、成績は普通でも小さい時から友達とはうまく遊べなかった子が、その時はそれほど問題にならなかったのに、大人になり社会人になった時に、組織の中で人間関係がうまくいかなかったり、結婚して家事労働や子育てがうまく回らなかったりして、心療内科を通して初めて発達障害がわかるケースも増えてきています。

発達障害の方の子どもが、多かれ少なかれ場や状況を考えずに突然びっくりするような行動をとることも聞かれはじめ（家族性）、何人かの親あるいは兄弟で同様の診断が出たケースに出会って、「もしかしたらO君も」と感じました。

軽度発達障害の可能性が疑われる上に、二次障害が重なり、今の行動につながっているのかもしれません。その後、祖父母との面談で、専門機関に行っていただき、ＡＤＨＤ（注意集中・多動性障害）の診断名が出たのですが、結局祖父母はその後継続して専門機関での指導を受けることを拒否しつづけました。

幼稚園では集団での対応を話し合い、これ以上無理強いしてもいい方向には向かないと、園だけで共通理解を持って育てていくことになりました。

平穏な時と不安定な時と波がありましたが、O君はそのまま地域の小学校の普通学級に入学しました。祖父もすすんで学校の保護者役員を引き受け、園長である私も、事前に小学校校長と面談していきました。しかし、できる限りの配慮をお願いすることぐらいしかできませんでした。

小学校に入学して五年生までいろいろなことがあったようで、運動会などで校長からO君の話をうかがいましたが、祖父母の思いが強く、普通学級での生活が続きました。

五年生のある日、カッターナイフでクラスメイトを傷つけ、結局その時点で障害児学級に籍を移し、通級となりました。その後、中学校では入学当初から障害児学級に籍を置くことになりました。休日は父親についていきパチンコ屋の前で地べたに座って、父親が出てくるのを待っているO君の姿を見かけるという話を耳にすることがあり、障害と生活環境が重なる難しさを感ぜずにはいられない、心が痛むケースでした。

どんなに思いをよせても、家族の心の中に踏み込めないこともあると実感しました。

幼児期から学童期へ

文字獲得の前提となる力

- 話しことばによる表現の豊かさ
- 視覚―運動統合能力、空間関係把握能力の発達により、自由に線が引け、形が描け、位置関係が理解できる力→器用な手に
- 絵と身振りによる豊かな表現
- 文字への興味

算数の基礎となる力

- 10程度の数概念（数唱、計数、概括、抽出）
- 具体的な物を数的に操作する力
  分ける　配る
- 量や数への興味
- 系列化の思考と保存の概念の芽生え

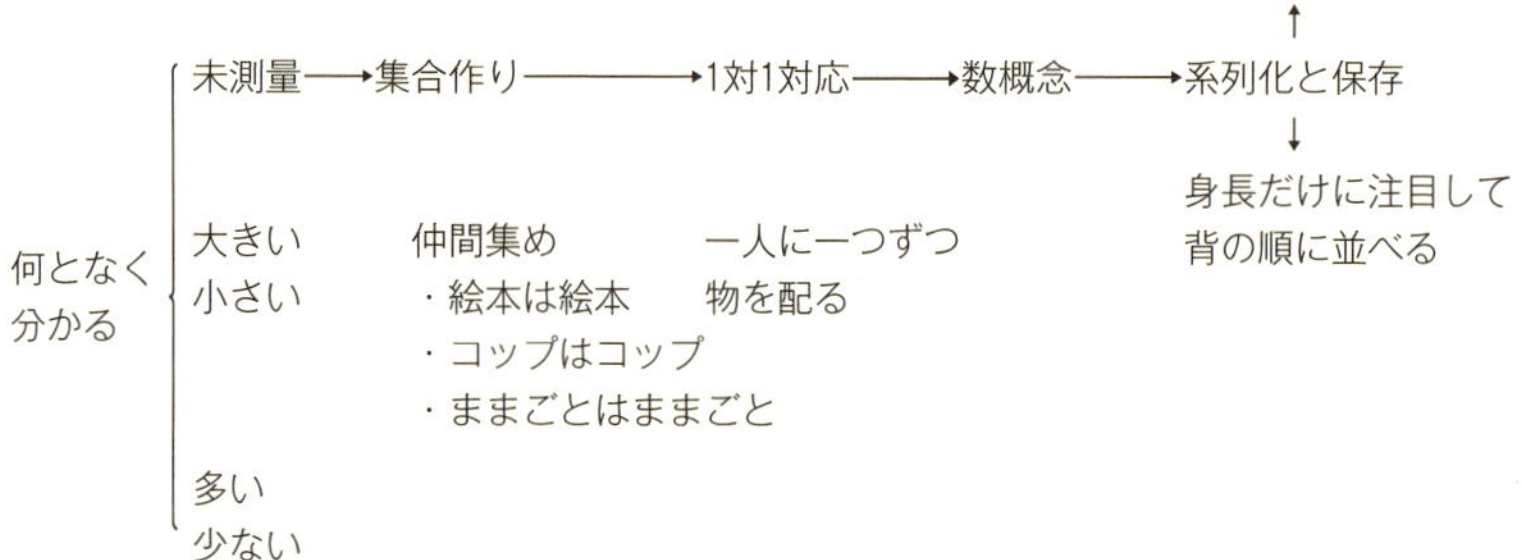

（参考：『子どもの発達と診断』
田中昌人・田中杉恵著
1981年発行　大月書店）

幼児期の集団生活で身につけること

1）人との関係で育つ力

- 相手の気持ちを受け止める力
- 自分の気持ちを伝える力
- 自分で考える力

2）集団（クラス）の中で育つ力

- 仲間と共有できる喜び
- 遊びをやり遂げた達成感・満足感
- 自分で遊びを見つける力

3）入学時の言語

- 知的な面で目立って遅れをとっている子どもは、1,500語程度
- 普通は3,000語程度で、良くできる子は6,000語程度

［たくさんことばを知っている子どもは、それだけ一般化や抽象化ができる能力の素地が高まってきている。］

｛だから、それで
しかし、だが、けれども、なのに｝等、順接語や逆接語が巧みに使えないと

- 文字が読めて計算ができても、文章題を自分で解くことができない
- 物事を正確に認知する力が弱い子ども→家庭でのことばの充実がカギ！
- シンプルセンテンスしか耳にせずに育った子どもは、複雑な情報や高度な問題解決ができない

（参考：『子どもの発達と診断』
田中昌人・田中杉恵著
1981年発行　大月書店）

Ⅲ　乳幼児期（保育園・幼稚園）での活動と遊び

◉リズム遊びについて

これまで、子どもの生活と発達を述べる中で、保育の質のことも合わせてつたえてきましたが、乳幼児期から多くの保育園がとりいれているリズム遊びの意義について、もういちど詳しく述べます。

保育園は〇歳から預かっていることもあって、健康という領域をとても大切に考えています。子どもたちの人数が多くても体をしっかり育てることは、乳幼児期の最重要課題と考えている園がほとんどで、なかでも散歩は健康と環境の領域を重点に考えるうえでは欠かせない日課で、『歩く』という活動がいかに重要かということです。

子どもたちの体を丈夫にしていくためには、散歩だけではなく、様々な筋肉や神経がバランスよく育つためにも外遊びも欠かせない活動の一つです。

外遊びでは、園庭でサッカーやドッジボール、鬼ごっこをしたり、鉄棒や滑り台で遊ぶことで体が作られていきます。

「皆でお外で遊ぼう！」と保育士の呼びかけで園庭に出て自分の好きな活動をすることが多いです。あるいは、鬼ごっこで走り回ったりし、また別のある子は砂場でお砂遊びを楽しみます。このような自由遊びでは、活動内容によって運動能力の差ができやすいので、長時間保育園で過ごす子どもたちは、一斉にリズム遊びなどを導入して体作りをすることが重要と考えます。

このリズム遊びは園によって取り組む内容に違いがありますが、多くの園では朝三〇分位、体をしっかり目覚めさせる目的もあって、実施しているところが多いです。

散歩、外遊び、リズム遊びが組み合わされた生活が、保育の中では大切な活動だと考えます。

取り組み方は各園それぞれで、
・リトミック（リズム表現）を中心に組みたてている園
・わらべ歌を中心に組みたてている園
・斉藤公子先生が保育実践の中で取り組まれたリズム遊びを手本として、取り組んでいる園
・体操や音楽の専門の先生にきてもらい、年齢にあったリズム遊びを取り入れている園
・まるでオリンピック選手を育てるようなプログラムを作って、高度な運動（バック転や空転）を指導している園

リズム遊びは子どもの発達にどの様な効果があるか

乳幼児期は運動発達が順序性をもってしっかり獲得されている土台があれば、認知面の発達も平行して伸びると言われている。

リトミック、わらべうた、和太鼓、表現は、細かく言えば微妙にその物の特色子どもに与える力等は違うが、基本的には以下の様な力を子どもたちに与える事ができる。

■音感を獲得できる

・特にリトミックは、けんけん・スッキプ・二分音符・四分音符等、リズムに合わせて獲得しやすい。

・わらべうたは、音とことばとの調和・心臓の拍に合わせる事を基本においているため、集中力音階の基礎等を獲得しやすい。

・表現も全身運動をとおしリズム感良く外へむかって表現しながら自分の内なる感性を表にあらわしやすい。
　模倣を通しなりきる事が抽象表現の入り口としては重要である。

乳幼児の神経伝達発達は、充実した生活の中で育っていく。未発達な筋肉・神経は、さまざまな遊びの中で伸びていく。ゆさぶり・くすぐり遊び・ブランコ・滑り台は、感覚統合を発達させる重要な支えである。

■感覚総合遊びについて

・障害がある、あるいは疑いがある子どもたちは、微細な中枢神経障害があるため、運動神経発達がよわかったりする。特にゆさぶり・くすぐり等は嫌がる子が多いが、少しずつ慣れていく事が重要である。(感覚防衛・触覚防衛)

・音楽に体を合わせる力、体を動かす機会、友達と同じ事をする喜びをとおして、使っていない神経・筋肉が育ち、協調性・共感性が育つ。

・朝の一斉の経験は、体をめざめさせる事にも効果があり、できてもできなくても表だった評価がされない事も重要。人と同じ事ができた・スッキリした・その感覚が毎日積み重なる意義は大きい。

・たくさんの仲間でやる事・少人数で行う等メリハリを入れて、一人ひとりがしっかりできているか保育士の正確な確認が必要である。

■道具を使っての運動遊び

・縄跳び・マット・鉄棒・ボール遊びなどの体験も多く取り入れると、本人の目標達成感が明確なため、自信がしっかりついてくる。特にドッジボール等のルールのある遊びは、発達障害の子どもたちの苦手とする所なので、年長になると少しずつ入れていく事が求められる。

これらの運動系の基礎はとても重要であるが、平行してみたて・つもり・やりとりがどう発展していくかが、保育の重要ポイントとなる。これは言語性の発達・抽象表現能力・コミュニケーション能力としても重要である。

などいろいろですが、その園の工夫で子どもたちの活動にメリハリができ、繰り返すことで体力の向上や自信にもつながると考えます。

◉やりとり・みたて・つもり・ごっこ遊びについて——運動（リズム遊び）など

乳児期から幼児期前半では、運動発達（首が座る、お座りができる、ハイハイ・歩行ができる）、ことばの育ち（喃語から単語へ）、生活習慣（衣服の着脱、トイレが自分一人でできる）などが急速に育つため、個人差が大きく出ます。できれば個人差が大きくつかないように、どのような保育を展開していくかという『発達』について述べてきましたが、私がもう一つこだわることに、『表現』があります。

この『表現』は、一〇ヶ月ころから『やりとり・みたて・ごっこ』などの、人とコミュニケーションをとりながら（『表現』は、リズム運動のようにいっせいに指導者側が環境を作って経験させるものではなく）、子どもみずからが毎日遊ぶ仲間と自主的に展開していく遊びです。

ごっこ遊びを通じて、子どもが仲間と共感関係を豊かにしていく力は、「子どもの発達とかかわり（二歳半）」のところでも述べましたが、今の子どもたちは『やりとり・みたて・ごっこ』遊びがかなり減少しています。本来は地域で何人かと遊びながらコミュニケーション力が育つのですが、それも少子化で難しく兄弟の数も少ないなか、できれば保育園で〇歳児から、幼稚園でも（子育て支援事業をおこなっている未就園児クラス二歳児を含めて）三歳児をはじめとし、できる限り子どもが子ども同士のなかで気持ちを合わせたり、人の気持ちを受け入れたり、ともに想像の世界での『ごっこ』を楽しんでいくことが大切で、そこで人とのコミュニケーションの基本を学ぶと考えます。

子どもは、生れてから母親との生活を中心に人との関係をはぐくんでいきます。特に一〇ヶ月ころには母と子の間に物が入り（三項関係）、物のやりとりが可能となり、「ちょうだい！」と言うと渡すことができたり、『バイバイ』や『いないいない、バァ～』など、人がやっている行動に興味を持ち、まねるようになります。

一歳ころになると道具が使えたり、ことばが出はじめたり、砂場でプリンの型ぬきに葉っぱを添えてケーキに見立てる世界も広がります。もちろん犬や猫も区別ができるようになり、その動物になったつもりの世界が広がりはじめます。

二歳半ころになり、ことばが急速に増え始め、二語文の充実や友だちと遊ぶことが、一人であるいは母とだけの時間より楽しいことを感じ取れるようになり、友だちとより深い『お母さんごっこ』『お店屋さんごっこ』などに発展していきます。

だんだん育つにつれ、単純なやりとりからみたての世界に広がり、そのものになりきった世界での『劇ごっこ』へと、『ごっこ』の世界が最高潮になり、自分たちがやってみたい『お店屋さんごっこ』がよりふくらんでいきます。空想の世界を仲間と共有し、また現実の世界にもどることを繰り返しながら、相手への思いやりが育ち、お互いが導きあえる

やりとり・みたて・つもり・ごっこ遊び

10ヶ月ころから

・有意味喃語 ｝ マンマンマン 充分受け答えをしてあげることが大切
反復喃語 ｝ ブーブーブー

・三項関係が生まれる。
母———おもちゃ———こども——→物のやりとりが可能。
“ちょうだい”と言うと渡す。

・“バイバイ”、“いないいないバァー”等の模倣。

・距離を置いてボールを転がし合いっこする。

1歳ころから

・一語文から二語文へ。
“ブーブー来た”、“パパ会社”——→こどもの気持ちがことばを通して理解可能となる。

・道具を使うことができる　スプーン。

・泥・粘土(変化する素材)に触れ、手を使って外へ働きかける遊びが大切。

・砂場でプリンの型抜きに葉っぱを添えて、“ケーキだよ”等の「見立て」が増える。

・身近な動物(犬や猫)を真似て“四つん這い”になり、ワンワン(ニャンニャン)言いながら「つもり」「なりきり」の世界に浸ることができる。

2歳半ころから

・“お母さんごっこ”、“お店やさんごっこ”、“動物ごっこ”。
仲間と二語文の充実の中で、コミュニケーション能力を豊かにする。

3歳～4歳

・男———女 ｝
沢山———少し ｝ 二つの対比的概念をしっかり身につける事が可能
大きい——小さい ｝

・積み木やブロックを用いての構成遊び。
縦横を組み合わせて構成し、何かに見立てる力が飛躍的に発展する。

・2歳ころから育ち始めた「ごっこの世界」は正に最高潮。

・単純なやりとり→「見立て」の世界→そのものになりきった世界
→読んでもらった大好きな絵本の世界での「劇ごっこ」
→自分達がやってみたい「お店やさんごっこ」が膨らむ。
※空想の世界を仲間と共有し、また現実の世界に戻ることを繰り返しながら、相手への思いやりが育ち、お互いが導きあえるようになる。

5歳～6歳

・やりとり → ｛ 敵と味方 / 鬼と隠れ手 / 売り手と買い手
高度なものへ向かう。
周りの友達と協力したり思いやったりが、一段と深くできるようになる。

・グループに分かれて同じテーマで。
廃材を使ってビルを作り上げる ｝
土粘土を使って町をつくり上げる ｝ 高度な深い質の「ごっこ」へと発展

◆『やりとり・みたて・ごっこ』は、子どもの育てられ方・環境に大きく影響され、それは学習場面にも影響をもたらす。
◆劇ごっこは、物事を空想する力・考える力・作文を組み立てる力にまで影響を与える。
◆軽度発達障害のこども達は特にこの分野が苦手とされ、場の空気を読んで遊ぶ事が難しい。

ようになるのが、ちょうど幼稚園でいう年少・年中の一学期までの三歳から四歳ころでしょうか。五・六歳ころになると、やりとりはとても高度に広がりをみせます。『お店屋さんごっこ』も、売り手と買い手に分かれ、必要な物を自分たちで作ったり、メニューや呼び込み、店の商品など小さなやりとりから大きなやりとりへと質が高まります。

　複雑なルールのある遊びも生まれていきます。例えば、ドッジボールのような「敵と味方」に分かれることや、どろけいなどのように「鬼と隠れ手」に分かれて行う遊びなど、高度なやりとりが成立していきます。

　自由遊びでも、迷路や指編み、綾取りなど細かい作業、指先の器用さをより豊かにする活動へ興味や取り組む姿勢に変化が見られます。グループに分かれて同じテーマ（例えば、好きな町を作ろうなど）で、廃材を使ってビルを作りあげる、土粘土を使って町を作りあげる、クラスみんなでお話作りをして劇に発展していくなど、話し合いを充実していく中での高度で深い質の『ごっこ』へと発展していきます。

『やりとり・みたて・ごっこ』は子どもの家庭、保育園・幼稚園での育てられ方や、保育内容、環境に大きく影響され、今後の学習場面にも影響をもたらします。

　物事を空想する力や、互いに共感したり折り合いをつけないと、『ごっこ遊び』は成立しません。これは人間関係を充実させ、自分に自信をつけていく活動でもあります。特に、『劇ごっこ』は、子どもたちだけでお話を作り、物語を想像して組み立てる活動を大切にすると、文章の構成力が豊かになり、作文を作る力が育つと考えます。

子どもの自主性から生まれる世界を支えていける環境を、大切にしたいと思います。

◉保育園・幼稚園を考える

三歳から小学校入学前の集団での育ちは、保育園と幼稚園とは保育時間および人数との関係で保育の内容に違いが大きく出る状況に出会うことがあります。

仕事をしていなくても、保育園・幼稚園に入園まで、できれば日本中の子どもたちが家から近い保育園や幼稚園に通えるようなシステムができないものかと、それも昼ごろまででよいので、「できないのかな〜」と思ったりしています。その間の一時間でよいから子育てサロンの形で母親達がおしゃべりや趣味などができる部屋があり、いつでも子育ての悩みを聞いてもらえたり、他の子の世話をしたりなどの場を作っていくようなことがあれば、かなり育児不安は減るのではないのかと考えています。

地域が崩壊してくると保健所・地区センターだけにくる親だけを受け入れるだけでは、子どもの育ちの差にもつながり、一層深刻になるのではないかと危惧しています。

意欲的な親の元で育った子どもであれ、子育ては二の次との思いで育てられた子どもであれ、すべてどの子も将来この国を支える人間になるわけで、ぜひ首が座りはじめたころから保育園・幼稚園に入園するころまで働いている・いないにかかわらず、日本の子どもたちがみな近くの保育園・幼稚園で親子ともども支えられるようになればと、思わずにはいられません。

保育園の、特に乳児期においては目で見える育ちが著しいため、例えばなかなか歩かない子には個人的に手をかけるなど、個人の発達をていねいに支援していきます。

幼児期は集団での育ちの中で、心の育ちを大切にしながら、達成感や競争心、意欲を育てていきます。

幼稚園も保育園も、どちらも大切に取り組んでいることは変わらないのですが、幼児期の保育の中身に違いを感じます。このちょっとした違いは、保育園・幼稚園の勉強会を重ねながら、お互いの長所を取り入れていくことを勧めます。

幼児期では、今日は元気がないとか友達とのトラブルなどに目が行きがちですが、一人ひとりの発達にも十分目を向け、運動発達（ブランコの立ちこぎができる、鉄棒で前回りができるなど）、指先の器用性（ハサミがうまく使える、折り紙がきちんと折れるなど）も乳児期と同様にていねいにきめ細かに見ていけるとよいのではと感じています。

例えば、ある園では毎朝全員が登園した九時半あるいは一〇時ごろから、三〇分くらいみんなで運動リズム遊び（この運動遊びは、乳幼児期には欠かせない大切なものですが）を行なうため一一時半ころからの給食までに、課題的活動（例えば、年長組でクラスで話し合ってから、年中組・年少組を招待するお店屋さんごっこを展開するとか）が取り組みにくいことです。もちろん、そのなかでも子どもの主体性を大事に取り組んでいる園もあります。

また、食事から昼寝の流れで、午後三時以降からでないと再び一斉活動が組めないことです。三時以降は、子どもの意欲が続きにくいことなどが考えられます。

例えば、保育園では四・五歳児を縦割りにしてクラス数を多くするとか、朝の全体活動（リズム運動など）は、乳児期までとするとか、いろいろ工夫して時間や保育内容を変えてみるとよいのではないかと思っています。

おわりに

昭和四〇年代、保育科を卒業した人たちの多くは保育園・幼稚園・施設などに就職し、そして多くの人たちが結婚すると退職する社会の中で、私は平安女学院という保育科附属幼稚園の恵まれた環境の中、保育をしながら田中昌人研究室（京都大学教育学部）で研修を受けることができ、結婚のため退職し（関東での居住）、専業主婦として二児を育てることができました。

子どもを育てながら東京の研修会にお誘いを受け、長男が小学校入学と同時に、横浜市保土ヶ谷保健所をかわきりに一歳半健診フォロー教室（親子教室）の立ち上げに関わることができました。

その後は、本当にたくさんの人たちとかかわることができ、幅の広い経験をさせていただき、感謝に堪えません。

私のように保健師・看護師・心理・ケースワーカー言語療法士・作業療法士・理学療法士・児童精神科医・神経小児科医らの方々と一緒に、長い期間お仕事をさせていただくチャンスをもらい、〇歳から三歳までの乳幼児とたくさん出会うことができ、そのお母さんたちの相談にのることができ、親と子の両方をケアすることの大切さを学ぶことができたのは、幸いでした。

いろいろな経験を通して、再び幼稚園に勤務することになり、園長として園を預かることになった時は、自分はどれだけたくさんの方々からさまざまなことを学ばせてもらったかを実感し、それを園児たちやその親につたえることができ、本当によかったと感じました。

退職後は保育園・幼稚園を巡回し、保育の現場での対応に具体的なアドバイスを与える仕事を経験する中、保育園・幼稚園のさまざまな取り組みを目の当たりにするとともに、現代社会の抱える問題も同時に知る機会を得ることとなりました。

四五年前、幼稚園教諭となった時と今でも、子どもの姿、子どもに向かう姿勢、保育の質は、何一つ変わることはないと思っています。しかし、社会が複雑になり、親の意見も強い時代に入ると、保育者は子どもたちと楽しく過ごしているだけでは、保育は難しい時代に入りました。

子どもたちと楽しい保育を展開し、親とも対応ができ、子どもの問題にもしっかり目を向け、そして発達も理解でき、子どもの弱さを適切に援助できる力をつけることが求められるようになりました。

長い保育経験も必要ですが、しっかり学ぶことによって身につけられることはたくさんあると思います。私は、それをこれから保育現場で活躍する学生たちに伝えてきましたし、保育現場の方にお返ししたりしていくとともに、今回安部富士男先生のお声かけによって、このような出版ができたことに深く感謝します。

途中で新読書社の伊集院さんから「さらっと読めるから、お母さん向けならいいんじゃない」と言われました。私は、「保育者向けにやさしく書いただけなのです」と申し上げました。

心理の先生や教育学の先生方の書かれる本は、現場の保育者にとってじつはとても難しいのです。私は、若いころから発達にかかわるさまざまな本を読み、何と難しく理解しにくいことかと思ったことが度々でした。今まで障害児保育を中心に、保育のことについての本の執筆者は、ほとんどが大学の方です。

保育の現場にかかわりながら、子どもの育ちについて、発達について、わかりやすく書く人がいてもいいかな？　と思ってきました。

子どもを育てることは、そんなに難しいことではない。普通のお母さんたちがみんな育ててきたことを、そしてその中で大切なことを伝えるだけなのですから。そんな気持ちで書きました。

もちろん、どこも中途半端かもしれません。ワンポイント・アドバイスと言われるかもしれませんが、保育者は保育にかかわる事を幅広く知る必要があると思います。読者の方からの御意見もいただければ幸いです。

今回、『発達の視点で保育をとらえる』について、出版にこぎつけることができましたことを、安部富士男先生、新読書社の伊集院郁夫さんに心より感謝いたします。

参考文献

(ア) ピアジェの発達心理学
「知能の誕生」「新しい児童心理学」（国土社）

(イ) 巻野悟郎　編
「保育者のための乳幼児保育シリーズ」（児童育成協会）

(ウ) 田中昌人・田中杉恵　著
「子どもの発達と診断」（大月書店）
乳児期前半
乳児期後半
幼児期
幼児の発達診断入門

(エ) 浅見千鶴子・稲毛教子・野田雅子　著
「乳幼児の発達心理　一歳まで、一歳から三歳まで」
（大日本図書）

(オ) 大阪保育研究所編
「年齢別保育講座」（あゆみ出版）

(カ) 丸山美和子　著
「発達のみちすじと保育の課題」（萌文社）

(キ) 神田英雄・加藤繁美　著
「子どもとつくる二歳児保育」（ひとなる書房）

(ク) 斉藤公子　著
「乳幼児期の子育て」（かもがわ出版）

(ケ) 木都老誠一　著
「『育つ』子どもたちと共に」（新読書社）

(コ) 安部富士男・林美　著
「ちょっと気になる子の保育・子育て」（新読書社）

(サ) 河添邦俊・幸江　著
「どの子もすばらしく育つみちすじ」（ささら書房）

(シ) 加藤正仁　著
「障害をもつ子の遊びカタログ」（学研プラス）

(ス) 「子どもの本・えほん」「えほん・こどものための五〇〇冊」（日本図書館協会）

(セ) 堀江重信　編・著
「障害乳幼児の発達と医療」（青木書店）

(ソ) 楠本伸枝・岩坂英己・西田清　著
「ＡＤＨＤの子育て・医療・教育」（かもがわ出版）

(タ) 佐々木正美　著
「自閉症のトータルケア」（ぶどう社）
「気になる連続性の子どもたち」（子育て協会）
「子どもへのまなざし」（福音館書店）

(チ) 杉山登志郎・別府哲・白石正也　著
「自閉症児の発達と指導」（全障研出版部）

(ツ) 白石恵理子・松原巨子　著
「障害児の発達と保育」（クリエイティブかもがわ）

著者紹介
林　　美（はやし　よし）
京都の平安女学院幼稚園教諭経験の過程で、京都大学教育学部田中昌人研究室で研修員として「発達と障害」について学ぶ。横浜市の保健所で「一歳半健診後フォロー親子教室」や小児療育相談センターで子育て事業室講師としてまた横浜市総合リハビリテーションで肢体不自由児の療育等に15年程かかわる。平成７年に横浜市母子保健功労賞を受賞。厚木緑ヶ丘幼稚園園長として11年間の後、横浜保育福祉専門学校講師を経、現在は日本大学幼稚園講師・鎌倉梶原の森たんぽぽ保育園講師等、保育園・幼稚園等の指導及び講演活動にあたっている。
著書に「ちょっと気になる子の保育・子育て」（安部富士男氏との共著）等がある。

序文
安部　富士男（あべ　ふじお）
安部幼稚園　園長。東京大学教育学部卒。教師の実践と子どもたちから学んだことを、東京大学、横浜国立大学、山梨大学、青山学院女子短期大学、日本体育大学女子短期大学等、多くの大学で学生に伝え、「幼児に土と太陽を」等の著書にまとめている。平成２年、「感性を育む飼育活動」で日本保育学会賞受賞。

発達の視点で保育をとらえる

2016年９月10日　初版第１刷発行

著　者　林　　美
序　文　安部　富士男
発行者　伊集院　郁夫

発行所　㈱ 新 読 書 社
東京都文京区本郷５－30－20
電話　03－3814－６７９１
FAX　03－3814－３０９７

組　㈱ステーションエス　　印刷　Sun Fuerza

ISBN978-4-7880-2111-2